英文法、何を重点的に教えるか

大学入試分析を授業に活かす

How should English grammar be taught for practical use?

佐藤誠司 著

大修館書店

はしがき

　本書の目的は，従来の高校の文法指導を見直し，より効率的に英語の４技能を伸ばすためのヒントを提供することです。その前提として，従来の英文法指導の問題点を最初に指摘しておきます。

　Ⓐ　実用的なコミュニケーションに役立つ知識

　Ⓑ　大学入試対策のための知識

※Ａは四角い部分，Ｂは丸い部分。学ぶべき内容はＡの方がずっと多いはずです。

　Ⓑの全部がⒶに含まれていれば，何も問題は起きません。ところが実際には，上図の灰色の部分に相当する知識があります。それは**大学入試では問われるけれど，実用的なコミュニケーションには（あまり）役立たない知識**です。一般に高校ではこの灰色部分の学習に時間をかけすぎる傾向があり，それが日本の英語教育を非効率にしている大きな原因の１つだ，というのが本書の背景にある考え方です。

<u>Had it not been for</u> your help, I would not have succeeded.
　（君の助けがなかったら，私は成功しなかっただろう）

これが上図の灰色部分の知識の例です。仮定法に関する文法問題によく出題されるフレーズですが，英語の４技能を高めるという観点から考えたとき，この知識は本当に重要（あるいは必要）でしょうか？

　このように本書では，**学ぶ価値の高い知識とそうでない知識とを仕分けして考えていきます**。その基準として最近10年間程度のセンター試験の問題を分析し，「**センター試験での出題例がほとんど（または全く）ない文法知識は，学ぶ価値が低い**」という前提に立っています。

　私大の入試問題を除外してセンター試験だけを分析対象にしたことには理由があります。センター試験は受験者数が多く世間の注目度も高いため，問題の作成には細心の注意が払われます。そのため，上図の灰色部分に当たる「無駄な文法知識」はあまり含まれていないはずです。今後はセンター試験に代わって，民間の機関が実施する４技能テストの普及が進むでしょう。しかし**センター試験と民間の４技能テストとを比べた場合，素材となる文章や会話で使われている英語の質に大きな違いはない**はずです。

　一方私大入試では，灰色部分に相当する内容の比率が高くなります。つまり「**入試にしか出ない知識**」の多くは，**私大入試の文法問題に含まれています**。それらは私大の入試対策としては必要な知識だから教えないわけにはいかない，と考えておられる先生方も多いでしょう。しかし，文法問題の配点比率は全体の１～２割程度にすぎません。それを考えると，「**文章や会話の中によく出てくる文法知識だけを重点的に教える**」という指導方法の方が，**入試対策としても効率的**ではないでしょうか。それらの知識は４技能の向上にも役立つので，「一石三鳥」です。教師は「入試にしか出ない知識を仕方なく教える」というストレスから解放され，生徒は入試での得点力が上がり，しかも実用に役立つ知識

が身につくからです。

　英語のセンター試験は，2024年度から民間の検定志向に全面移行されます。その結果，冒頭で示した図の灰色部分（大学入試だけに必要な知識）の比率は下がっていくはずです。しかしゼロにはなりません。4技能テストと並行して私大入試が存続し，その中で実用性の低い文法問題が相変わらず出題される可能性が高いからです。したがって2024年度以降に日本の英語教育が大きく変わるかどうかは，私大入試問題作成者の意識に大きく左右されると言えます。

　筆者は私大入試から文法問題を一掃するのがベストだと考えています。当面それが難しいのなら，せめて「文法問題でどんな知識を尋ねるか」という点を，私大入試の出題者には真剣に考えていただきたいと思います。本書はそのための資料として活用できるはずです。一方で高校の先生方にも，本書がある種の意識改革のヒントになることを願っています。

2017年7月
佐藤誠司

本書を読む前に

◆本書の説明の基礎資料

センター試験の過去問を使って次のデータベースを作りました。「**読解［書き言葉］データベース**」（Ⓡ），「**会話文［話し言葉］データベース**」（Ⓢ），「**文法問題データベース**」（Ⓖ）の3つです。3つのデータベースの分析対象としたのは，以下の年度の問題です。

Ⓡ	・2006〜16年度の筆記試験（本試・追試）中，書き言葉の英文 　※発音問題・文法問題・会話文・設問の選択肢の英文を除く。 ・2010〜16年度のリスニング試験中，書き言葉の英文（10〜12は本試のみ，13〜16は本試・追試）
Ⓢ	・2006〜16年度の筆記試験（本試・追試）中，話し言葉の英文 　※対話または討論形式の問いの英文。設問の選択肢の英文を除く。 ・2010〜16年度のリスニング試験中，話し言葉の英文 　（10〜12は本試のみ，13〜16は本試・追試）
Ⓖ	・1990〜2016年度の筆記試験（本試・追試）中の文法問題 　※第2問で出題された1問1答式の空所補充または整序作文問題。

＊たとえばリスニング試験（4題構成）の第1〜3問（会話）はⓈに，第4問（文章）はⓇに分類。

センター試験から引用した英文には，末尾に出典を示しています。
　（例）［Ⓡ-09本筆］＝ Ⓡに含まれる文。2009年度センター本試（筆記）から引用。

◆集計方法

〈集計から除外したもの〉
・発音問題
・広告や掲示などを使った問題
・読解問題などの選択肢の英文
・会話文のト書き
・固有名詞

〈例外的な件数の数え方〉
・等位接続詞で結ばれた２つ以上の語は１件とカウント（例：enjoy <u>eating</u> and <u>drinking</u>）。
・資料問題などで１つの文章中に同じ語句が繰り返し出て来るときは１件とカウント（例：<u>carbonated</u> <u>drink</u>）。

◆表記に関する注意

・Ⓢ・Ⓡから引用した英文は ①・②・③…，Ⓖから引用した英文は 1・2・3…。
・上記以外の英文は(1)・(2)・(3)…。
・Ⓖから引用した問いは次の２種類。
　A．空所補充問題（正解は「〔正答〕」で示す）
　B．語句整序問題（選択肢を / で区切り，正しい順に並べた形を [ ] 内に示す）
・語句の後ろの（ ）内は件数。（ ）がないものは１件。
・本文中のＧ５・オーレックス・ウィズダムは，それぞれ『ジーニアス英和辞典』（第５版）・『オーレックス英和辞典』（第２版）・『ウィズダム英和辞典』（第３版）の意味（巻末の参考資料リストを参照）。

目　　次

はしがき　iii
本書を読む前に　vi

第 1 章　時制　―時制が学習者にとって難しい理由―　3

1　時制が表すのは「時」だけではない　4
2　「進行形＝進行中の動作」とは限らない　4
　［A］進行中の動作を表す進行形　5
　［B］その他の意味を表す進行形　5
3　未来進行形は「予定」の意味の方が多い　8
4　進行形と現在形はどう使い分けるか？　10
5　現在完了（進行）形はどの意味でよく使うか？　13
　［A］現在完了形　14
　［B］現在完了進行形　18
　［C］現在完了形＋受動態　19
6　過去完了形はどんな意味を表すか？　20
7　時・条件を表す節中ではなぜ現在形を使うのか？　23
8　will と be going to の違いをどう教えるか？　26
9　「He will ～＝彼は～するつもりだ」は誤り　28
10　時制の誤りはなぜ起こるか？　32
11　時制に関するその他の注意　35
　［A］現在形　35
　［B］未来完了形　36
　［C］時制の一致　37
12　時制の指導に当たっての注意点（まとめ）　38

第2章　助動詞　―意味に応じた助動詞の使い分け―　39

1　助動詞はどんな意味でよく使うか？　40
　[A]　can（385件）　40
　[B]　would（180件）　41
　[C]　could（124件）　43
　[D]　should（115件）　46
　[E]　may（113件）　47
　[F]　might（53件）　47
　[G]　must（39件）　48

2　Shall I / we ～？はイギリス英語　50
　[A]　依頼する表現　50
　[B]　許可を求める表現　51
　[C]　義務を表す表現　52
　[D]　提案する表現　54

3　その他の助動詞　55
　[A]　be able to　55
　[B]　had better　56
　[C]　used to　57
　[D]　助動詞を含む慣用表現　59

4　助動詞の指導に当たっての注意点（まとめ）　62

第3章　受動態　―情報構造を意識することの重要性―　63

1　受動態は何のために使うのか？　64
2　受動態は肯定文で使うことが多い　67
3　受動態の後ろにはさまざまな形を置く　69
　[A]　be 動詞＋過去分詞＋副詞（句・節）（249件）　69
　[B]　be 動詞＋過去分詞＋目的語（5件）　71
　[C]　be 動詞＋過去分詞＋to *do*（46件）　73

ix

［D］be 動詞＋過去分詞＋補語 / to be C（27件）　74
　　　［E］It＋be 動詞＋過去分詞＋that 節（16件）　77
　4　〈受動態＋by〉の形はあまり使わない　79
　5　受動態の be 動詞のバリエーション　82
　6　動作受動態と状態受動態を正しく区別する　84
　7　受動態の書き換え練習に適した素材とは？　86
　8　受動態の指導に関するその他の注意　89
　9　受動態の指導に当たっての注意点（まとめ）　91

第4章　仮定法　―仮定法に対するよくある誤解―　93
　1　条件文の種類　93
　2　〈if＋直説法〉の主節では必ず will を使うか？　95
　3　〈if＋仮定法過去〉は「事実の反対」とは限らない　98
　4　〈if＋仮定法過去完了〉は文法問題に多い　102
　5　仮定法に関するその他の学習項目　103
　　　［A］I wish＋仮定法 / I'd rather＋仮定法　104
　　　［B］as if＋仮定法　105
　　　［C］if＋S＋were to / should ～　106
　　　［D］without（もし～がなければ）など　107
　　　［E］otherwise（さもなければ）　109
　6　仮定法の指導に当たっての注意点（まとめ）　109

第5章　不定詞　―用法を識別するための視点―　111
　1　不定詞の前にある品詞による分類　111
　2　〈動詞＋不定詞〉の3つのパターン　112
　　　［A］be 動詞＋to *do*（28件）　113
　　　［B］自動詞＋to *do*（94件）　114
　　　［C］他動詞＋(to) *do*（396件）　116

3 〈名詞＋不定詞〉は形容詞的用法とは限らない 118
　[A] 名詞＋形容詞的用法の不定詞（160件） 119
　[B] 名詞＋副詞的用法の不定詞（97件） 123
　[C] 意味上の主語＋不定詞（165件） 125
　[D] 名詞＋名詞的用法の不定詞（15件） 127

4 〈形容詞＋不定詞〉のさまざまな意味 128
　[A1 / A2] 形式主語 / 形式目的語構文（94件） 129
　[B1] 慣用表現（68件） 130
　[B2] tough 構文（18件） 131
　[B3] 感情の原因（22件） 131
　[B4] その他（11件） 133

5 〈過去分詞＋不定詞〉のさまざまな意味 134
　[A] 〈V＋O＋to *do*〉を受動態にしたもの（24件） 134
　[B] 〈S＋be said＋to *do*〉型の表現（15件） 135
　[C] 不定詞が副詞の働きをするもの（29件） 136
　[D] be supposed to *do*（11件） 136

6 enough to *do* と〈疑問詞＋to *do*〉 137
　[A] enough to *do*（18件） 137
　[B] 疑問詞＋to *do*（36件） 138

7 文頭の不定詞は「～するために」の意味 139

8 不定詞の３用法の頻度は？ 140

9 さまざまな形の不定詞の頻度 142
　[A] 不定詞の意味上の主語（8件） 142
　[B] 否定形の不定詞（19件） 143
　[C] 受動態の不定詞（21件） 145
　[D] 完了形の不定詞（8件） 146
　[E] 代不定詞（4件） 147
　[F] その他 148

10　不定詞の指導に当たっての注意点（まとめ）　148

第6章　-ing 形と -ed 形　—分詞と形容詞の境界線—　150
1　-ing 形（動名詞）の基本　152
2　-ing 形（現在分詞・形容詞）の基本　154
3　動詞的動名詞は前置詞の後ろで使うことが多い　155
　［A］主語の働きをする動名詞（93件）　156
　［B］目的語の働きをする動名詞（125件）　157
　［C］補語の働きをする動名詞（9件）　158
　［D］前置詞の目的語の働きをする動名詞（317件）　159
4　dancing girl は「踊っている少女」ではない　160
　［A］living room 型の表現（100件）　162
　［B］living thing 型の表現（103件）　162
5　形容詞の働きをする -ing 形の位置と働き　165
6　-ed 形の品詞　171
7　-ed 形の位置と働き　173
8　-ing 形 / -ed 形のまとめ　180

第7章　分詞構文　—悪しき学校英語の象徴—　182
1　-ing 形を使った分詞構文の基本は「〜しながら」　183
2　-ing 形は主文の後ろに置く例の方が多い　185
3　分詞構文の働きは「副詞」だけか？　188
4　複雑な分詞構文の使用頻度は低い　194
　［A］否定語で始まる分詞構文　195
　［B］完了形の分詞で始まる分詞構文　195
　［C］独立分詞構文　196
　［D］形容詞・名詞で始まる分詞構文　196
　［E］with 構文　197

5 分詞構文の指導に関する注意点（まとめ） 198

第8章　関係詞　―アウトプットのための実用的な知識― 200
1 限定用法の関係代名詞をどう教えるか？ 201
　[A] 主格の関係代名詞 201
　[B] 所有格の関係代名詞 203
　[C] 目的格の関係代名詞 204
2 the way は「関係副詞」ではない 206
　[A] when 207
　[B] where 208
　[C] why 209
　[D] how / the way 210
3 継続用法の関係詞は「補足説明」の働きをする 213
4 what S was は「Sの人格」を表さない 217
5 関係詞のその他の用法 220
　[A] 連鎖関係詞節 220
　[B] 複合関係詞 221
　[C] 前置詞＋関係代名詞 225
6 関係詞の指導に当たっての注意点（まとめ） 226

第9章　接続詞　―情報構造と適切な接続詞の使い方― 228
1 that 節は動詞の目的語として使うことが多い 228
　[A] 名詞節を作る that 230
　[B] 相関接続詞の一部として使う that 231
　[C] 同格節を作る that 232
　[D] 強調構文 233
2 whether は名詞節を作ることが多い 236
3 理由を表すには because を使うことが多い 237

- **4** 譲歩を表すには although を使うことが多い　240
- **5** as は「様態」，while は「対比」の意味が多い　244
  - [A] as は品詞にこだわらなくてよい　244
  - [B] while を使った文の情報構造　247
- **6** 接続詞の指導に当たっての注意点（まとめ）　249

第10章　比較　―構文暗記中心学習への批判―　250
- **1** 比べられているものは何と何か？　251
- **2** 原級の例は比較的少ない　254
- **3** 比較級は名詞の前に置く例が多い　256
  - [A] 比較級＋than ～　257
  - [B] 差や程度を表す語句＋比較級　258
  - [C] the＋比較級　259
  - [D] 比較級を含む慣用表現など　260
- **4** 最上級も名詞の前に置く例が多い　262
  - [A] 最上級の前の the の有無　262
  - [B] 差や程度を表す語句＋最上級　265
  - [C] 最上級を含む慣用表現など　265
- **5** 文法問題にしか出ない知識　267
- **6** 比較の指導に当たっての注意点（まとめ）　268

【付録１】　「聞く力」「話す力」の指導のために　269
【付録２】　大学入試における「悪問」の考察　284

参考資料　302
索引　303

英文法，何を重点的に教えるか
大学入試分析を授業に活かす

第1章　時制
―時制が学習者にとって難しい理由―

英文を組み立てるには「述語動詞の形を決める」という重要なプロセスがあり，それには時制・態・法・助動詞という4つの分野の知識が必要です。この章では時制を取り上げます。

> **問題**
> 次の問いで「③はなぜ間違いなのですか？」と生徒から質問されたら，どう答えますか？
> Ms. Bell is stuck in a traffic jam. The important meeting will have finished by the time she （　　）.
> ① arrives〔正答〕　　② may arrive
> ③ will arrive　　　　④ will have arrived
>
> 〈正解例は p.24〉

説明の流れは次のとおりです。まず**1**で時制の基本を確認します。**2**以降では主にⓇ・Ⓢの分析を利用して，進行形・完了形・will などの使い方を確認します。**10**・**11**では教室での指導に使えるいくつかの情報を補足し，**12**でまとめを行います。

時制は細かく見ていけば奥の深い学習分野ですが，この章では実用的な価値の高い知識に絞って説明しています。

1　時制が表すのは「時」だけではない

　時制の指導の1つのポイントは、「時」と「時制」の違いを明確に意識させることです。たとえば「過去のことは過去形で表す」という説明は理解できても、「未来のことを現在形で表す場合もある」という説明に多くの生徒は混乱します。

　さらに、時制とは一般に「時を表す述語動詞の形」のことですが、**実質的に時を表さない時制もあります**。たとえば『オックスフォード実例現代英語用法辞典』(pp. 672-5) には、「politeness (丁寧さ) (2)：距離を置く動詞の形態」という見出しで、「① 過去時制／② 進行形／③ 未来形／④ 法助動詞／⑤ 条件法的表現と否定表現」の5つの形が示されています。次の文は①の例です。

(1) How much **did** you **want** to spend, sir?
　　(お客様、ご予算はいかほどですか？)

　この文の過去形は過去という時とは無関係であり、現在から距離を置くことで直接的な響きを弱める（より丁寧に響く）働きをしています。実際のコミュニケーションでは、このような例もよく見られます。以下の説明ではこうした点にも触れながら、時制の実用的な使い方と効果的な指導方法を考えていきます。

2　「進行形＝進行中の動作」とは限らない

　Ⓡ・Ⓢ中には、現在［過去］進行形が309件あります。これらを意味の面から「進行中の動作」「その他」の2種類に大別すると次ページの表1-1のようになります。

　このデータから、**話し言葉では進行形を「進行中の動作」以外の意味で使うケースが少なくない**ことがわかります。以下、詳しく見ていきます。

表1-1 進行形が示す意味の分類

	Ⓡ	Ⓢ	計
[A] 進行中の動作	159	112	171
[B] その他	7	31	38
計	166	143	309

＊〈be動詞＋現在分詞〉の形を含み述語動詞の働きをするものを集計。ただしbe going to doは除く（→第2章）。未来進行形は**3**，完了進行形などは**5**を参照。

[A] 進行中の動作を表す進行形

中学で習う I'm watching TV. のような進行形は，文字通り「(眼前で) 進行中の動作」を表します。一方，**一定期間内に持続・反復している活動や状態**を表す次のような例もあります。

1 I'm still **reading** *Gone With the Wind*.
  (私はまだ『風とともに去りぬ』を読んでいます) [Ⓢ-07追筆]
  ＊発話の時点で読む動作が進行しているわけではない。

2 When the dishes are served, she's **always taking** pictures of the food with her cell phone and sending them to her friends.
  (皿が出されると，彼女はいつも携帯電話で料理の写真を撮り，友人たちに送ってばかりいる) [Ⓢ-13追筆]
  ＊進行形が活動の持続・反復を表す例。「always＋進行形＝〜ばかりしている」と教えるのが一般的。

[B] その他の意味を表す進行形

「進行中の動作」以外の意味を表す進行形の多くは，**予定**を表すものです。この意味を表す進行形は現在[過去]進行形と未来

進行形に大別されますが,ここでは前者だけを取り上げます(後者は**3**を参照)。

3 Tomorrow is the day you and your friends **are coming** to Hakata, right?
(明日はあなたと友だちが博多へ来る日ですね)[Ⓢ-07本筆]
＊are coming の代わりに are going to come も使える。

4 Did you hear that the art museum **is reopening** next month?
(美術館の営業が来月再開すると聞きましたか)[Ⓢ-15本リ]
＊予定を表す進行形は,しばしば未来の特定時を指す語句(この例では next month)を伴う。

文法書の例文では往来発着の意味を持つ動詞(go, come, leave, arrive など)がよく使われますが,それ以外の動詞も進行形で予定の意味を表すことができます。3 4 と同様に進行形が予定の意味を表す例はⓇ中に6件,Ⓢ中に27件あり,動詞の内訳は go (12), come (10), leave (2), move (2), fly, graduate, open, take, travel, visit, be transferred (→ p. 83) です。これらの動詞はすべて,前もって計画することが可能な行為を表します。Ⓖにも次の例があります。

5 "Have you seen Yuko recently?" "No, but (　　) dinner with her on Sunday."
① I'**m having** 〔正答〕　② I've been having
③ I'd have　　　　　　④ I've had
(「最近ユウコに会ったかい?」「いいえ,でも日曜日に彼女と夕食をとる予定よ」)[Ⓖ-02追筆]

また**1**で説明したとおり，文にていねいな響きを持たせるために進行形を使うことがあります。以下はその例です。

6 Well, I think I may have left my bag on the train and I'm **wondering** if anyone has handed it in.
（ええと，電車にバッグを置き忘れたかもしれないと思って，誰かが届けていないかと思っているのですが）［Ⓢ-11追筆］
＊駅の遺失物取扱所の場所を尋ねている状況。進行形を使って控えめな気持ちを表している。I was wondering … とすれば，さらにていねいな言い方になる。

7 My wife and I are a little worried about her, and we're **hoping** that it would be okay to ask you for advice.
（妻と私は彼女［娘］のことを少し心配しており，あなた［担任教師］に助言をいただければと思っているのですが）［Ⓡ-15本筆］
＊G5では，I hope you will give us some advice. という例文に対して「依頼としては I'm *hoping* …の方がていねいで適切；さらに I *hoped* you would, I was *hoping* you would がていねいさを増す」と説明されている。

8 "Good evening, Mr. and Mrs. Gomez. How can I help you?" "Well, [we're / **wondering** / if / you / could / tell] us how to get to the theater."
（「こんばんは，ゴメスご夫妻さま。ご用件をうかがいます」「ええと，劇場への行き方を教えていただけないでしょうか」）［Ⓖ-16本筆］
＊ホテルの係員と客の会話。

以上の説明に沿って実用的な見地から進行形の重要な意味と用法をまとめると，次の4つになります。

① 進行中の動作
② 活動や状態の持続・反復
③ 予定
④ ていねいな響きを持たせる

3　未来進行形は「予定」の意味の方が多い

〈will be＋現在分詞〉の形は一般に未来進行形と呼ばれ，次の2つの意味があるとされます。

① （未来のある時点で）〜しているだろう
② （自然の成り行きで）〜することになっている

①は「未来のある時点で進行中の動作」の意味です。一方②には「進行中の動作」というニュアンスはなく，「予定」の意味を客観［事務］的に表現したいときに使います。たとえば，新幹線の車内では次のようなアナウンスが聞かれます。

(1) We'll **be stopping** at Shinagawa, Shin-Yokohama …
　　（この列車は品川，新横浜…に停車します）

この文の下線部を stop にすると，「私たちは停車するつもりだ」のように響きます（→8）。そこで〈I [We] will＋意志動詞〉の形で客観的な予定を表したいときは，will の後ろを進行形にする必要があるわけです。また②の未来進行形は，6〜8と同様に控えめな響きを持たせる働きもします。Ⓡ・Ⓢには未来進行形が7件ありますが，ほとんどは②の例です。

9 Guess what? I'**ll be singing** at the festival next Saturday.

(聞いて。今度の土曜日にお祭りで歌を歌うの）[Ⓢ -11本リ]
* I'll sing … だと「歌うつもりだ」と解釈される。will be singing はこの文では「歌う予定だ」の意味だが，文脈によっては「歌っている<u>だろう</u>」の意味になることもある。しかし「歌っている<u>つもりだ</u>」とは解釈できない（will be の will は常に単純未来の意味）。

⑩ "So let me explain where it's parked. When you get off the escalator into the parking lot, turn right." "Wait, is that toward the exit?" "Uh, you'**ll be facing** the exit."
（「で，それ［車］が駐車してある場所を説明させてよ。エスカレーターを降りて駐車場へ入ったら，右へ曲がるんだ」「待って，それは出口の方向なの？」「そうだね，出口に向いているよ」）[Ⓢ -06本筆]
*「未来の時点で進行中の動作」と考えることもできるが，you'll face よりも you'll be facing の方が穏やかな響きになる。

視野を広げて考えると，一般に次のことが言えます。

・〈助動詞＋動詞の原形〉の代わりに〈助動詞＋進行形〉を使うと，控えめな言い方になる。

次の文はその例です。

⑪ It's already ten. We'**d better be going** when Bob comes back from the restroom.
（もう10時だ。ボブがトイレから戻ったら（店を）出た方がいい）[Ⓢ -09本筆]
* We'd better go … よりも響きが穏やかになる。I must go. の

代わりに I must be going. などと言うのと同様。

なお、Ⓖには未来進行形に関する問いが 2 件ありますが、どちらも①（進行中の動作）の意味です。

12 I don't think I can meet you at six tomorrow night because we have a lot of extra work this month. Probably, (   ).
① I'll still **be working**〔正答〕　② I'll still work
③ I'm still at work　　　　　　　 ④ I'm still working
（私たちは今月追加の仕事がたくさんあるので、明日の夜 6 時には会えないと思います。私はたぶんまだ仕事をしているでしょう）[Ⓖ-99本筆]
＊未来の特定時に進行中の動作を表す未来進行形。

入試では②（予定）の意味を問う問題はほとんど見られませんが、実用性の面から言えば次のように覚えておく方がよさそうです。

・**will be＋現在分詞＝〜することになっている**

この場合、「未来進行形」という呼び名は誤解を招く（この意味では「進行」の含みはない）ので、避ける方がよいでしょう。

4　進行形と現在形はどう使い分けるか？

一般に「進行形→〜している」とは言えますが、「〜している→進行形」では必ずしもありません。

(1) 和文 彼女は毎朝ジョギングをしている。
英訳 She **jogs** [× is jogging] every morning.
＊現在の習慣は現在形で表す。
(2) 和文 その価格は税を含んでいる。
英訳 The price **includes** [× is including] tax.
＊include は進行形にしない動詞（→ p. 13）。
(3) 和文 門のそばにタクシーが停まっている。
英訳 A taxi **is parked** [× is stopping] by the gate.
＊is stopping は「停車しつつある」の意味。

逆に，**進行形を使うべき場面で現在形を使う誤り**が，生徒だけでなく教師にも時に見られます。

(4) 和文 あのトラックが道路をふさいでいる。
英訳 That truck **is blocking** [× blocks] the road.
＊現在形だと「あのトラックはいつも道路をふさぐ」と解釈される。
(5) 和文 彼の言うことが理解できない。
英訳 I don't understand what he **is saying** [△ says].
＊現在形だと「彼の言うことはいつも理解できない」と解釈される余地があるので，進行形がベター。

これらの誤りを避けるには，**動作動詞の現在形は習慣を表す**という点をしっかり頭に入れておく必要があります。次の例も同様です。

13 "Hey. You're not **wearing** glasses." "I got contact lenses."
（「あら。めがねをかけていないのね」「コンタクトレンズを買っ

たんだ」）［Ⓢ-10本リ］

＊下線部を You don't wear と現在形で表すと，「習慣的にめがねをかけない」という意味になるので会話の状況に合わない。

⑭ "Press down the button and hold it for five seconds to restart the machine." "OK. Nothing's **happening**."

（「機械を再始動させるにはボタンを押してそのまま5秒待ってください」「わかりました。何も起きません」）［Ⓢ-10本リ］

＊「ボタンを押したが機械が動かない」という状況。Nothing happens. だと「（いつも）何も起こらない」という意味になるので，進行形にする。Nothing (has) happened. も可。

⑮ I've painted a portrait of us and **am sending** you a photo of it.

（私たちの肖像画を描いたので，その写真を1枚お送りします）［Ⓡ-14本筆］

＊手紙文の一部。send だと「習慣的に送る」，will send だと「（別便で）送るつもりだ」，have sent だと「（別便で）既に送っている」の意味に解釈されるので，「この手紙に同封して送ります」と言いたいときは現在進行形を使う。

なお，**状態動詞が進行形で使われる**のは，『現代英文法講義』(p. 123) によれば次の3つの場合です。⑴〜⑶は同書の例文です。

① **別義の非状態的動詞として使われている。**
　⑴ John is seeing a lot of Mary these days.
　　（ジョンは近ごろメアリーとたびたび会っている）
② **推移的という統語的特徴が加わっている。**
　⑵ I'm hearing it better now.
　　（いまはさっきよりもよく聞こえているよ）

③ 主語の〈一時的な心理状態〉を報告している。
　(3) I'm hating this house party.
　　（こんなハウスパーティーは嫌いなんだ）［発話時に嫌悪感をおぼえている］

　逆に言えば，①〜③のどの意味でも使わない動詞が進行形になることはありません。それは主に物［人］と物との関係を表す動詞，たとえば belong to, consist of, contain, include, own などです。

5　現在完了（進行）形はどの意味でよく使うか？

　Ⓡ・Ⓢ中で述語動詞が完了形を含む形を，表1-2のように分類して集計しました。

表1-2　完了形を含む述語動詞の分類

形		Ⓡ	Ⓢ	計
[A] 完了形	現在	202	73	275
	過去	44	16	60
[B] 完了進行形	現在	10	15	25
	過去	4	3	7
[C] 完了形＋受動態	現在	33	2	35
	過去	5	0	5
計		298	109	407

＊〈have/has/had＋過去分詞〉の形を含み述語動詞の働きをするものを集計。〈助動詞＋have＋過去分詞〉の形は除く（→第2章）。[C]は第3章も参照。

　時制で分けると現在：過去＝335：72で，過去時制で使われて

いる完了形は全体の約18％です。以下，この項では現在時制の完了形を，**6**では過去時制の完了形を見ていきます。

[A] 現在完了形

現在完了形の意味は，中学で教える分類で言えば「完了（・結果）」「経験」「継続」の3つです。しかし実際に使われている現在完了形を見ると，これらのどれに分類すべきか迷うものも多くあります。

> ⒃ Movies, television, and music are increasingly aimed at the young and **have influenced** society as a whole.
> （映画，テレビ，音楽はますます若者向けになり，社会全体に影響を与え（てき）た）[Ⓡ-10本筆]
> * have influenced は「完了」「継続」のどちらにも解釈できる。集計ではこの文は「完了」に分類。

このように判断に迷うものも一応どれかに分類して集計すると，表1-3のようになりました。

表1-3 現在完了形の意味の分類

意味	Ⓡ	Ⓢ	計
完了	170	60	230（84％）
経験	12	5	17（7％）
継続	20	8	28（10％）
計	202	73	275

この表のとおりⓇ・Ⓢ中の〈have [has] ＋過去分詞〉は**8割**

以上が「完了」の意味です。

「経験」を表す17件の大半は，その意味を明確にするための副詞（句）が添えられています（内訳は ever（10），never（3），before，many times。そのほか have been to 〜（〜へ行ったことがある）が２件）。同様に「継続」を表す28件の大半では，同じ文中で for または since が使われています。

一方，表1-4は，275件の現在完了形を文の種類によって分類したものです。

表1-4 文の種類による現在完了形の分類

意味	肯定文	否定文	疑問文	計
完了	213	7	10	230
経験	8	3	6	17
継続	23	5	0	28
計	244	15	16	275

＊never を使った文は否定文，否定疑問文は疑問文として集計。Ⓡ・Ⓢの分類は省略。

以下，否定文と疑問文で使われている現在完了形を詳しく見ていきます。

① **否定文中の現在完了形**
次のように意味をまとめることができます。

- **have not＋過去分詞**
  =(1) （まだ）〜していない〈完了〉
  　(2) （以前から）ずっと〜していない〈継続〉
- **have never＋過去分詞**

=(3) 一度も〜したことがない〈経験〉

(1)〜(3)の例は以下のとおりです。

⒄ "It's the first book in the *Harry Potter* series." "Oh, I **haven't read** it yet."
（「それはハリー・ポッターのシリーズの最初の本だよ」「まあ、まだそれを読んでいないわ」）［Ⓢ-14本リ］
＊「完了」の例。8件中3件で yet が使われている。

⒅ She **has not done** any exercise since graduation.
（彼女は卒業以来何も運動をしていない）［Ⓡ-07追筆］
＊「継続」の例。（→ p. 18）

⒆ Even today I believe I **have never met** a better PE teacher.
（私はあれほど優れた体育の先生には会ったことがないと今日でも信じている）［Ⓡ-13本筆］
＊「経験」の例。have never met を haven't met で置き換えると「まだ会っていない」と解釈される。

② **疑問文中の現在完了形**
　Ⓡ・Ⓢ中に「完了」「経験」の例が16件あります。そのうち15件の主語は you であり、意味は次のようになります。

・**Have you 〜（yet）?**
　＝（もう）〜しましたか〈完了〉
・**Have you（ever）〜?**
　＝（今までに）〜したことがありますか〈経験〉

⒇ **Have** you **ever wondered** why only humans have

developed such large brains?

(なぜ人間だけがこれほど大きな脳を発達させたのだろうかと思ったことはありますか)［Ⓡ -06追筆］

＊「経験」の例。

㉑ "How long **have** you **been living** in Fukuoka?" "Three years." "Where else **have** you **lived** in Japan?"

(「福岡にはどのくらい住んでいますか」「3年です」「日本では他のどこに住んだことがありますか」)［Ⓢ -15本リ］

＊「経験」の6件のうち，ever を使っていないのはこの文のみ。第1文の have been living は「継続」。

㉒ Why **hasn't** Kathy **arrived** yet?

(キャシーはなぜまだ到着していないのか)［Ⓡ - 本筆］

＊「完了」の例。主語が you でないのはこの文のみ。また10件中4件で yet が使われている。

参考までに次の2つの文を比較しておきます。

㉓ **Have** you **ever heard** the phrase "It's all Greek to me"?

(「私にはちんぷんかんぷんだ」という句を(今までに)聞いたことがありますか)［Ⓡ -14本リ］

＊ever によって「経験」の意味を明らかにしている。

㉔ **Have** you **heard** about Erina's accident?

(エリナの事故のことを聞いた？)［Ⓢ -12本筆］

＊ever がなければ「完了」の意味に解釈される。

なお，現在完了形を問う問題はⒼ中にも6件あります(完了(2)，経験(1)，継続(3))。

25 "Is that Italian restaurant next to the bookstore new?" "No, I think (　) for more than a year now."
① **it's been** open〔正答〕　② it's open
③ it's opened　　　　　④ it was open
(「本屋の隣のあのイタリア料理店は新しいの?」「いや,もう開店から1年以上だと思うよ」)〔Ⓖ-00本筆〕
＊「継続」の例。it's は it has の短縮形。

[B] 現在完了進行形

現在完了進行形はⓇ・Ⓢ中に25件あります。表す意味は「動作の継続」です。文の種類で分類すると,肯定文 (19),否定文 (1),疑問文 (4) となります。1つずつ例を示します。

26 Growing food locally in American cities **has been getting** more popular recently.
(アメリカの都市では食物を地元で育てることが最近人気になっている)〔Ⓡ-13本リ〕
＊一般に現在完了進行形には「今までずっと〜し続けており,今後もそれが続くだろう」という含みがある。

27 "You look tired. What's wrong?" "Recently, I **haven't been getting** much sleep."
(「疲れているようだね。どこが悪いの?」「最近あまり眠れていないんだ」)〔Ⓢ-14追筆〕
＊「(以前から) ずっと〜していない」の意味を現在完了進行形で表した例はこの1件のみである。普通は否定文中では動作動詞も現在完了形で「継続」の意味を表すことが多い。たとえば I <u>haven't cleaned</u> my room for weeks. の下線部を haven't been cleaning とは言わない。

28 "Summer vacation will be over soon." "**Have you been enjoying** yourself?"
　（「夏休みももうすぐ終わるね」「楽しかった？」）〔Ⓢ-16本リ〕
　＊「まだ終わっていない」という状況を意識した言い方。「もう終わった」という意識なら Have you enjoyed yourself? と言う。

また，Ⓖ中には現在完了進行形を問う問題が次の例を含め3件あります。

29 I wonder if Stella has lost my number.（　　）her call for the last two hours.
　① I'd expected　　② I'll have expected
　③ I'm expecting　　④ **I've been expecting**〔正答〕
　（ステラは私の番号を紛失したのだろうか。電話が来るかと2時間前から待っているのに）〔Ⓖ-01追筆〕
　＊「～が到着するのを待つ」の意味の expect は，G5に「しばしば be ～ ing」（進行形で使う）という注記がある。

[C] 現在完了形＋受動態
　この形はⓇ・Ⓢ中に35件あり，そのうち33件はⓇに含まれています。形が複雑なこともあり，**話し言葉ではあまり使われない**と言えるかもしれません。表す意味は「完了」「経験」「継続」の3つの場合があり，次のように分類しづらいものもあります。

30 Mr. Suzuki is a top salesperson for a cosmetics company who **has been awarded** many prizes for his performance.
　（鈴木氏はある化粧品会社のトップセールスマンであり，その業績に対して多くの賞が与えられてきた）〔Ⓡ-11本筆〕（→ p.82）

* has been awarded は「完了（与えられた）」「経験（与えられたことがある）」「継続（与えられ続けてきた）」のどの解釈も可能。

「継続」「経験」の例を1つずつ挙げておきます。

㉛ This dried root **has been used** to heal wounds and insect bites as well.
（この乾燥した根は，傷や虫刺されの治療用にも使われてきた）
[Ⓡ-12追筆]
* use は動作動詞だが，現在完了進行形と受動態を組み合わせた形（has been being used）は複雑すぎるので，has been used で代用している。

㉜ Such singers are trained to present some of the greatest and most challenging music that **has ever been composed** for the human voice.
（そのような（オペラ）歌手は，人間の声のために今までに作曲された（ことがある）最も優れた難しい音楽の一部を発表するよう訓練されている）[Ⓡ-16本筆]
* ever は「（今までの）どの時を選んでも」の意味。なお，Ⓖ中の例については第3章を参照。

6 過去完了形はどんな意味を表すか？

過去完了形の使い方は，「完了」「経験」「継続」「大過去」「仮定法」の5つに分類できます。Ⓡ・Ⓢ中の過去完了形をそれらの意味に従って分類すると，次ページの表1-5のようになりました。この表のとおり，過去完了形は書き言葉に多い時制です。仮定法過去完了（→第4章）以外の例を順に挙げます。

表1-5 過去完了形の意味の分類

意味	Ⓡ	Ⓢ	計
完了	29	4	33（47%）
経験	1	1	2（3%）
継続	9	6	15（21%）
大過去	12	5	17（24%）
仮定法	1	3	4（6%）
計	52	19	71

＊〈had been＋現在分詞／過去分詞〉の形を含む。

㉝ As I prepared my sleeping bag, I thought about what I **had learned**.
（寝袋を用意しながら、私は自分が学んだことについて考えた）［Ⓡ-16追筆］
＊「完了」の例。基準時（寝袋の支度をしている時点）が同じ文中で明示されている。なお、この文を含む文章中に上表の71件中15件（21%）の過去完了形が含まれている。

㉞ We **had never cooked** a lobster before, so we didn't know what to do.
（私たちはそれまでロブスターを料理したことがなかったので、どうすべきかわからなかった）［Ⓡ-16本リ］
＊「経験」の例はこの文を含め2件のみ。もう1件も〈had never＋過去分詞〉の形。この文の基準時は前の文脈に依存している。

㉟ Mom and Dad **had been talking** about getting a new carpet for a long time.
（ママとパパは前からずっと新しいカーペットを買う相談をしていた）［Ⓢ-11本筆］

＊基準時は前の文脈に依存している。「継続」の例は15件で，そのうち 7 件が過去完了進行形。また，15件中14件が had been の形を含む。残る 1 件は hadn't seen（ずっと会っていなかった）の形。

36 I had just heard that I **had been selected** to study sports science at an Australian university.

(私はあるオーストラリアの大学でスポーツ科学を学ぶ選考に合格したと聞いたばかりだった）〔Ⓡ-16追筆〕

＊「大過去」の例（「完了」とも解釈できる）。「聞いた」時点よりも「選ばれた」時点の方が前だが，過去完了形（had heard）よりさらに前の時点を表す時制はないので，大過去（had been selected）を使っている。

なお，Ⓖの例も挙げておきます。

37 The train (　　) when I reached the platform, so I didn't have to wait in the cold.
　① **had** already **arrived**〔正答〕
　② has already arrived
　③ previously arrived
　④ previously arrives

(私がホームに着く前に電車は既に着いていたので，寒さの中で待たなくてもよかった）〔Ⓖ-16本筆〕

＊過去完了形はこれを含め 2 件（どちらも「完了」の意味）。③は previously がなければ別解になる。

38 We (　　) **playing** baseball for about half an hour when it started to rain very heavily.
　① **had been**〔正答〕　② have been

③ might be　　　　④ would be

（私たちが野球を始めて約30分で大雨が降り出した）［Ⓖ-01本筆］

＊過去完了進行形はこれを含め2件。

次の例も参考にしてください。

⑴ The game **had started when** we arrived.

（私たちが着いたときには試合は始まっていた）

⑵ The game (**had**) **started before** we arrive.

（私たちが着く前に試合は始まっ(てい)た）

⑴では過去完了形を使う必要がありますが，⑵では時間の関係が明らかなので過去形も使えます。

7　時・条件を表す節中ではなぜ現在形を使うのか？

この章の冒頭で示した問いを再掲します。

39 Ms. Bell is stuck in a traffic jam. The important meeting will have finished by the time she (　　).

① **arrives**〔正答〕　② may arrive

③ will arrive　　④ will have arrived

（ベルさんは交通渋滞に巻き込まれている。重要な会議は彼女が着く前に終わってしまうだろう）［Ⓖ-12本筆］

＊時・条件を表す節中の現在形を尋ねる問いはこれを含めて5件。他の接続詞は in case (2)，if，the next time。

③が誤りである理由を「時や条件を表す（副詞）節中では，未来のことも現在形で表すというルールがあるからだ」と説明して

も、「それはなぜか？」という疑問は消えません。正解例は次のとおりです。

・話し手は「彼女は着く だろう 」と推測しているわけではないから、will を使う理由がない。

次の例と対比して考えるとわかりやすいでしょう。

40 "Is Bill still using your car?" "Yes, I wonder when he (　　) it."
　① has returned　　② returned
　③ returns　　　　④ **will return** 〔正答〕
（「ビルはまだ君の車を使っているの？」「うん、いつ返してくれるだろうか」）[Ｇ-94本筆]
　＊ will を使うのは「彼はいつそれを返すだろうか」という推量の含みがあるから。

これらは、いわゆる「未来時制」をどう説明するかという問題と深くかかわっています。学習用の文法参考書ではしばしば未来形という言葉を使いますが、英語の時制には現在形・過去形の2つしかありません。

(1) It <u>will rain</u> tomorrow.
　（明日は雨が降るだろう）
(2) It <u>may rain</u> tomorrow.
　（明日は雨が降るかもしれない）

(1)を未来形と言うことはあっても、(2)を未来形とは言いませ

ん。しかし(1)も(2)も未来(これから起こること)に言及しており,違うのは確信の度合いだけです。(1)の will も(2)の may も現在形の助動詞であり,(1)は「明日は雨が降るだろう<u>と私は今推測している</u>」ということ。言い換えれば,**will は未来を表すのではなく,現時点での話し手の推量を表します**。このように「〜だろう」の意味を表す will を推量の助動詞の1つと考えれば,次の文で will が使えない理由もシンプルに説明できます。

(3) We won't play tennis if it **rains** tomorrow.
(明日雨が降れば私たちはテニスをしません)

話し手は「雨が降るだろう」とは思っていないので,will を使う理由がありません。またこの文で現在形を使う理由は,次のように説明できます。

・どの時制も適用しづらいときは,現在形を使う。

言い換えれば,話し手がある出来事を「時の流れの中のどこか」に位置づけようとする意識がないときは,便宜的に現在形を使うということです。昔の英語では(3)の if 節は if it <u>rain</u> tomorrow のように原形で表していましたが,現在形で代用されるようになったものです。同様の例をいくつか挙げておきます。

(4) The team that **wins** [× will win] this game will win the championship.
(この試合に勝ったチームが優勝するだろう)
(5) Let's draw lots to decide who **goes** [× will go].
(だれが行くかくじを引いて決めよう)

(6) It doesn't matter when we **carry** [× will carry] out the plan.
（いつその計画を実行するかは重要ではない）

これらの文中で現在形を使うのも，話し手が win や go などの行為や出来事を時の流れの中に位置づけていないからです。「副詞節」であるかどうかは関係ありません（(4)は形容詞節，(5)は名詞節。(6)は名詞節・副詞節のどちらの解釈も可能）。

8 　will と be going to の違いをどう教えるか？

「be going to は前もってなされた決心を表すのに対して，will は『その場でなされた決心』を表す」という G5 の説明が一般的ですが，筆者なりに違う言葉で説明すると次のようになります。

- **will は話し手の意志や推量を表す。**
- **be going to は「～する方へ向かっている」という意味を表す。**

言い換えれば，will は主観的，be going to は客観的な表現形式です。一般に法助動詞は話し手の判断を表し，will にも話し手の「気分」がこめられています。

(1) It **will** rain tomorrow.（明日は雨が降るだろう）
(2) It's **going to** rain tomorrow.（明日は雨が降りそうだ）

(1)は話し手の主観的な推量であり，(2)は（現在の徴候に基づく）客観的な予測のニュアンスです。
Ⓡ・Ⓢ中で未来を表す主な時制の件数を集計すると，次ページの表1-6のようになりました。

表1-6 未来を表す主な時制の件数

	Ⓡ	Ⓢ	計
will	105	126	231
be going to	9	22	31
進行形	7	30	37

＊will は「未来」の意味ではないものも含む。will が時制の一致で would になったものは含まない（→第2章）。進行形は**2**を参照。現在形（確定した予定），〈be＋to *do*〉（予定）は0件。when などの節中で未来のことを表す現在形は**7**を参照。

will については**9**を参照してください。ここでは **be going to** を見ていきます。集計からわかるとおり，この形は話し言葉でよく使われ，訳語としては次の2つを覚えておけば十分でしょう。

① ～する予定［つもり］だ
② ～しそうだ

ただし，「～する方へ進んでいる」という原義に立ち返って解釈する方がわかりやすい場合もあります。

㊶ I heard you're **going to** travel around South America with your friend.
（友だちと一緒に南アメリカを回る旅行に行く予定だそうだね）
［Ⓢ-14本筆］
＊「～する予定［つもり］だ」の意味を表す例。

㊷ His teacher said he **was** probably **going to** fail all his courses.
（担任教師は彼がおそらくすべての課程に落第しそうだと言った）

[Ⓡ-11追筆]
＊「落第する方へ進んでいる」ということ。

43 "Sorry, I burned dinner." "Hmm, that's too bad. So, what **are** we **going to** do now?"
（「ごめんなさい，夕食を焦がしちゃった」「ふうん，それは残念だ。それで，ぼくたちはこれからどうするの？」）［Ⓢ-13本リ］
＊「私たちは何をする方へ進んでいるか」ということ。

44 How **am** I **going to** call him?
（彼にどうやって電話しようか？）［Ⓡ-14本筆］
＊携帯電話を壊して友人に電話できない少年が母親に尋ねている場面。「私はどのようにして彼に電話する方へ進んでいますか」ということ。

なお，「私（たち）は～するつもりだった」を I was [We were] going to ～で表すことはできますが，would はその意味では使えません。

45 "I can't imagine a party without Sharon! That's like a…." "A day without sunshine?" "That's what I **was going to** say."
（「シャロン抜きのパーティーは想像できないよ！それはまるで…」「日の差さない1日かい？」「それが言いたかったんだ」）［Ⓢ-15追筆］
＊下線部を would で言い換えることはできない。

9 「He will ～＝彼は～するつもりだ」は誤り

中学で教える will の基本的な意味は，意志未来（～するつもりだ）と単純未来（～だろう）です。しかし，多くの生徒は**両者の**

意味の違いが主語の人称に左右されることを知りません。willの意味を正しく理解させる第一歩として，表1-7を示しておきます。

表1-7 willの意味と人称の基本的な関係

	1人称+will	2人称+will	3人称+will
意志未来	○	×	×
単純未来	△	○	○

別の言い方をすれば次のようになります。

・I/We+will＝〜するつもりだ（主にこの意味）
・その他の主語+will＝〜だろう

Ⓡ・Ⓢ中のデータで確認してみます（表1-8）。

表1-8 willの意味ごとの件数

	1人称+will	2人称+will	3人称+will
意志未来	60	0	2
単純未来	16	19	125
習性	0	0	9
計	76	19	136

I/Weに続くwillは，後ろが意志動詞なら意志未来，無意志動詞なら単純未来の意味になります。

46 "I'll wait for you here." "I'll be right back."
  （「ここで君を待つよ」「すぐに戻るわ」）[Ⓢ-14本リ]

* be は（無意志動詞として使うのが基本だが）この文では意志動詞であり，will は意志未来。

47 "How soon can you finish your work?" "In five minutes or so, but tell the chairperson I'**ll** be ten minutes late."
(「あとどのくらいで仕事を終えられる？」「5分かそこらだけど，司会者には10分遅れると言っておいて」)［Ⓢ-14本リ］
* be はこの文では無意志動詞で，will は単純未来。

一方，2・3人称の主語に続く will が意志未来を表す例は2件のみです。

48 She gets really tense and stressed out about getting clothes for us. I never like what she chooses and she **won't** let me create my own style.
(彼女［書き手の母親］は私たちに服を買うことについて本当に緊張して疲れ切っている。私は母が選ぶものを全く好きではなく，母は私に自分のスタイルを作り上げさせようとしない)［Ⓡ-11本筆］
* will は「どうしても～しようとする」の意味で，主語の強い意志を表す。これ以外の1件は… with many traditional camera makers announcing that they will stop producing …（…多くの伝統的なカメラ社が…の製造を中止すると発表したことに伴い…)［Ⓡ-08追筆］という形で，will の実質的な主語は1人称（発表の内容は We will stop producing …)。

このように「3人称の主語＋will」が意志未来を表す例は皆無ではありませんが，基本を教える際には無視してよいでしょう。また，Will you ～？は「あなた（たち）は～するつもりですか」

の意味で使えますが，Ⓡ・Ⓢ中にはその例は 1 件もありません。

したがって，**I/We 以外の主語に続く will は基本的に「〜だろう」の意味**だと覚えておいても，実用上はあまり困らないはずです。逆にこれを知らないと，次のような誤訳がしばしば起こります。

(1) 英文 He **will** pass the exam.
　　和訳 ○ (a) 彼はその試験に合格するだろう。
　　　　 × (b) 彼はその試験に合格するつもりだ。
(2) 和文 姉は留学するつもりだ。
　　英訳 ○ (a) My sister **is going to** study abroad.
　　　　 × (b) My sister will study abroad.

なお，先の表では説明を簡略化するために「単純未来＝〜だろう」としましたが，実際にはそれ以外の場合もあります。いくつかの例を列挙します。

49 Summer vacation **will** be over soon.
　（夏休みはもうすぐ終わりだ）［Ⓢ -16本リ］
　＊G5で「時間の経過による不可避の変化」と説明されている will の使い方の例。夏休みが終わる日は決まっているので，「終わるだろう」という話し手の判断は含まれない。I'll be seventeen next year.（来年17歳になります）などの will も同様。
50 Thank you for waiting.　Your flight **will** be 50,000 yen.
　（お待たせしました。航空料金は 5 万円になります）［Ⓢ -15追リ］
　＊is の代わりに will be を使うことで断定を避けたていねいな言い方（→ p. 9）。will は未来に向けての推量ではなく現在の推量を表す。

[51] Research shows that people **will** put off tasks they find unpleasant.
（人々は不快だと思う仕事を延期するものだと研究は示している）
[Ⓡ-12本筆]
＊will は習性（〜するものだ）の意味。Ⓡ中に9件。

[51]のような will は主に書き言葉で使いますが、[49]と[50]は日常的な用法として知っておく価値があります。以上のことから、will の基本的な意味は表1-9のように教えるのがよいと思います。

表1-9 主語と will の意味の関係

主語	意味
I/We	①〜するつもりだ／②〜だろう
その他	①〜だろう／②〜する（ことになる）

＊①が基本的な意味。

10 　時制の誤りはなぜ起こるか？

　英作文で時制の誤りがよく起こる1つの理由は、日本語とそれに対応する時制との関係にあります。次ページの表1-10のようにまとめてみました。

　一般に日本人は、日本語と英語を1対1の対応で覚えようとする傾向があります。しかし表1-10のように、1つの日本語に対して複数の時制の使い分けが必要な場合がよくあります。典型的な誤りの例をいくつか挙げてみましょう。

(1) 和文 　あとで電話します。
　　英訳 　○ (a) **I'll call** you later.

表1-10 日本語とそれに対応する時制の関係

和文	該当する時制
〜する	現在形 / will / be going to
〜している	現在形 / 現在進行形 現在完了（進行）形
〜していた	過去形 / 過去進行形 過去完了（進行）形
〜したことがある	過去形 / 現在完了形

　　　　　× (b) I call you later.
＊「〜する［します］」がこれから行うことを表すときは will や be going to を使う。
(2) 和文　姉は日曜日にはテニスをしています。
　　英訳　○ (a) My sister **plays** tennis on Sundays.
　　　　　× (b) My sister is playing tennis on Sundays.
＊「〜している」が現在の習慣を表すときは現在形を使う。(→ 4)
(3) 和文　私は当時その番組を（習慣的に）見ていた。
　　英訳　○ (a) I **watched** the program at that time.
　　　　　× (b) I was watching the program at that time.
　　　　　× (c) I had watched the program at that time.
＊「〜していた」が過去の習慣や状態を表すときは過去形を使う。「〜した＝過去形／〜していた＝過去完了形」と誤解しているケースも時に見られる。

Ⓖ中の関連する問いも見ておきます。

52 "Look! A lot of people (　　) over there. Do you know

why?" "I think there is a sale beginning today."

① **are standing** 〔正答〕　② had stood
③ stand　　　　　　　④ stands

(「見て！あそこにたくさんの人が立っているよ。なぜだかわかる？」「今日特売が始まっているんだと思うわ」)〔Ⓖ-10追筆〕

＊この文の stand は動作動詞だから進行形を使う。主語が建物なら，現在形を使って The hotel stands [× is standing] on the hill. のように言う。

53 Ken and Mike are good friends. They (　　) each other since childhood.

① are knowing　　　② are known
③ have been knowing　④ **have known** 〔正答〕

(ケンとマイクは親友だ。彼らは子どもの頃からお互いを知っている)〔Ⓖ-08追筆〕

＊「〜している」という意味を表す英文中に since や for があるときは，現在完了（進行）形を使う。know は状態動詞だから，この問いでは現在完了形が正しい。

54 "Have you ever seen that movie?" "Yes. When I was in Tokyo, I (　　) it three times."

① had seen　　　② have seen
③ **saw** 〔正答〕　④ would see

(「その映画を今までに見たことがありますか」「ええ。東京にいたとき，3回見ました」)〔Ⓖ-96追筆〕

＊「3回見たことがある」とも言えるが，when I was in Tokyo は過去の特定時なので現在完了形は使えない。①の had seen は文法的には成り立つが，「今までに見たことがあるか」という問いへの答えとしては不自然。

11 時制に関するその他の注意

時制に関するその他の重要なポイントをまとめておきます。

[A] 現在形

次のような使い方には注意が必要です。

(1) 和文 試合がいつ始まるか知っていますか。
   英訳 ○ (a) Do you know when the game **starts**?
       △ (b) Do you know when the game will start?
   ＊日時が確定している予定には現在形、雨で開始が遅れており「試合はいつ始まりそうか」を尋ねるような状況なら will を使う。

(2) 和文 駅へはどのように行けばいいですか。
   英訳 ○ (a) How **do** I **get** to the station?
       ○ (b) How can I get to the station?
   ＊現在形を使った文は『オックスフォード実例現代英語用法辞典』(p. 740) からの引用で、「指示や指図をしたり、実演したりする場合に、物語や実況放送と同様に、単純現在時制を用いることが多い」と説明されている。

(3) 和文 そのお金は明日必ず返すと約束します。
   英訳 ○ (a) **I promise I'll return** the money tomorrow.
       × (b) I'll promise I return the money tomorrow.
   ＊will promise だと「(未来のいつかの時点で) 約束するつもりだ」と解釈される。「返すつもりだ」の意味だから return の前には will が必要。

(4) 和文 遅れてすみません。
   英訳 ○ (a) I'm sorry I'**m** late.
       × (b) I'm sorry I was late.

＊「今遅刻した状態だ」の意味で現在形を使う。「あのとき遅れてすみません」の意味なら過去形を使う。なお，I'm sorry to be [for being] late. よりも I'm sorry I'm late. の方が普通。

[B] 未来完了形

未来完了形はⓇ・Ⓢ中は1件もなく，Ⓖ中には4件あります。

55 We want to go to the beach in his car on Saturday, because our car still **won't** (　　).
① fixed　　　　② **have been fixed**〔正答〕
③ have fixed　　④ having been fixed
(私たちの車はまだ修理が終わっていないだろうから，土曜日に彼の車で海岸へ行きたい)〔Ⓖ-95追筆〕
＊未来完了形と受動態を組み合わせた複雑な形。これを含め3件は「完了」の意味を表す。

56 It's our wedding anniversary next Tuesday, and by then we (　　) married for ten years.
① are　　　　　　　　② will have
③ **will have been**〔正答〕　④ would have
(今度の火曜日は私たちの結婚記念日で，その日が結婚10年目になる)〔Ⓖ-00追筆〕
＊「継続」の意味を表す未来完了形。

入試の文法問題では複雑な形が好まれますが，未来完了形の実用的な利用価値はあまり高くありません。たとえば56は，Next Tuesday is our tenth wedding anniversary. と言えば済むことです。形を知っておくことは必要ですが，作文ではできるだけシンプルな表現を使うよう指導するのがよいと思います。

第1章　時制

[C] 時制の一致

『現代英文法講義』(pp. 696-7) の説明が参考になります。この箇所を簡潔にまとめると表1-11のようになります。

表1-11　時制の一致のルール

	基準時	話し手の心的態度
時制を一致させる場合	主節の動詞が示す時	従属節の内容の真偽を判断しない
時制の一致が起こらない場合	発話時	従属節の内容が真だと考えている

これに関してⓖ中の問いを1つ見てみましょう。

57　Where's Takashi? He said he (　　) here at exactly 6:30 p.m.
　　① is　② will be　③ will have been　④ **would** be〔正答〕
　　(タカシはどこにいるの？　きっかり6時半にここにいると言ったのに)〔ⓖ-06追筆〕
　　＊状況から考えて現在時刻は6時半 (以降) で，発話時を基準にすれば6時半は未来のことではない。だから will は使えない。

「話し手の心的態度」については，『現代英文法講義』(p. 696) に次の例があります。

(1) John grasped that <u>the earth **was/is** round</u>.
　　(ジョンは，地球が丸いということを理解した)

話し手が下線部の内容を真だと判断した場合は，時制の一致が

37

起こらないので is を使います。一方その判断を保留して下線部の内容を単に右から左へ伝達しようとしているときは，主節の grasped と時制を一致させて was を使います。つまり「時制の一致の例外」とは，「時制を一致させないこともある」ということです。「時制を一致させてはいけない［過去形を使ってはいけない］」と考えるのは誤りであり，(1)の that 節中の be 動詞として is と was のどちらかを選択させるような問いは悪問です。

12　時制の指導に当たっての注意点（まとめ）

この章で特に重要と思われる点を以下にまとめます。

① 時制は「時」を表すとは限らない。現在形以外の時制を使って「控えめな気持ち」を表すこともある。
② 進行形や〈will be＋-ing 形〉は，しばしば「予定」を表す。
③ どの時制も適用しづらいとき，原形の代わりに現在形を使うことがある。「時・条件の副詞節中で未来を表す現在形」はその例である。
④ I/we 以外の主語に続く will は，基本的に「～だろう」の意味である。
⑤ 形の複雑な時制（例：未来完了形）は，文法問題にはよく出題されるが，実用性は低い。
⑥「～している」など意味があいまいな日本語を英訳する場合は，どの時制を使うかを考える必要がある。
⑦「現在形と現在進行形」「will と be going to」の使い分けに注意。

第2章　助動詞
―意味に応じた助動詞の使い分け―

　助動詞の基本的な働きは，動詞の意味に「話し手の判断」を加えることです。この章では，よく使われる助動詞の頻度を分析しながら，個々の助動詞に関する使い方の注意などを説明します。

> **問題**
> 　次の文の空所に入れることができるものには○，できないものには×をつけてください。
> The phone is ringing. It (　　) be Bill.
> 　①may　　②might　　③can　　④could
> （電話が鳴っている。ビルからかもしれない）
> 〈正解はp. 45〉

　最初に，Ⓡ・Ⓢ中の助動詞を件数の多い順に並べた一覧を示しておきます。次ページの表2-1を見てください。
　以下，■1ではそれぞれの助動詞がどんな意味でよく使われるかを確認します。■2では表したい意味に応じた適切な助動詞や表現の使い方を考えます。■3は補足的な説明，■4はまとめです。
　助動詞は，現在形と過去形とで意味がかなり違います。特に**would・could・might**は，**話し手の控えめな気持ちを表す**のが主な使い方です。この章ではこうした点をデータで検証しながら，助動詞の実用的な使い方と指導方法を考えていきます。

表2-1 助動詞の出現数

	Ⓡ	Ⓢ	計
can	228	157	385
will	105	126	231
would	73	107	180
could	66	58	124
should	44	71	115
may	83	30	113
have to	26	39	65
might	37	16	53
must	30	9	39
be going to	9	22	31
be able to	16	14	30
shall	0	8	8
used to	6	2	8
had better	1	5	6
計	741	698	1439

＊be able to には be unable to（1件）を含む。

1 助動詞はどんな意味でよく使うか？

上の表中の主な助動詞を，表す意味に基づいて集計した結果を示します（will は第1章を参照）。

[A] can（385件）

次ページの表2-2を見てください。〈3人称の主語＋can〉の形は，「～できる」「～でありうる」のどちらにも解釈できる場合があります。

表2-2 canの意味の分類

	Ⓡ	Ⓢ	計
① 可能・能力（～できる）	192	126	318
② 可能性・推量（～でありうる）	35	15	50
③ 許可（～してもよい）	1	9	10
④ 依頼（～してくれますか）	0	7	7

＊「許可」「依頼」の例は**2**を参照。

1 Many people who enjoy music know that it **can** provide various benefits in everyday life.
（音楽を楽しむ多くの人は，音楽が日常生活でさまざまな恩恵を提供しうることを知っている）[Ⓡ-13追筆]
＊canは「可能」「可能性」のどちらにも解釈可能（上表では「可能」に分類）。

「～できない」の意味を表す形はcannotとcan'tですが，cannot（20件）はすべてⓇ，can't（17件）はすべてⓈ中に含まれています。したがって，**書き言葉ではcannot，話し言葉ではcan't**を使うと言ってよさそうです。

[B] would（180件）

次ページの表2-3を見てください。このようにwouldにはさまざまな意味があり，その多くは仮定法と関係があります。特に①の「控えめな気持ちを表す」用法は日常的な利用価値が高いので，重点的に教えるべきでしょう。

2 My family doesn't like the idea of me living alone. They

表2-3 would の意味の分類

	Ⓡ	Ⓢ	計
① 控えめな気持ちを表す	24	47	71
② 慣用表現（would like など）	4	47	51
③ 時制の一致（will → would）	17	7	24
④ 仮定法の主節中	12	4	16
⑤ 過去の習慣（〜したものだ）	14	0	14
⑥ 主語の強い意志（どうしても〜しようとした）	2	1	3
⑦ 依頼（〜してくれませんか）	0	1	1

＊②は**3**，⑦は**2**を参照。

say it **would** be so lonely and dangerous, and **would** cost more.

（家族は私が一人暮らしをするという考えを好みません。とても寂しく危険であり，お金もかかるだろうと言います）[Ⓢ-11追筆]

＊「もし一人暮らしをすれば」という仮定の意味を含む。

3 One idea **would** be to put a roof over the bicycle parking area.

（1つの案は，自転車置き場に屋根を設置することでしょう）[Ⓢ-16本リ]

＊is の代わりに would be を使うことで断定を避け，響きを穏やかにしている。

4 On the other hand, it **would** be great if we **could** make cycling in the city both fun and safe.

（一方，もし市内で自転車に乗ることを楽しく安全なものにできれば，（それは）すばらしいことでしょう）[Ⓢ-14追筆]

＊仮定法過去（would・could）を使うことで，控えめな推測（あるいは提案）をしている。

上記以外の would を含む例も 1 つ挙げます。

5 In the mornings it **would** jump up on my bed and chew on my fingertips until I got up to feed it.
（朝にはそれ［ネコ］は私のベッドに飛び乗り，私が起きてえさをやるまで指先をかんだものだ）［Ⓡ -06追筆］
＊ would は過去の習慣を表す。Ⓖ中にも 1 件あり。

[C] could（124件）

次ページの表2-4と表2-5を見てください。表2-4の①にある「可能」を表す could は，表2-5のように 4 つに分類できます。

一方，「可能性」を表す〈could＋動詞の原形〉は，基本的に「（現在または将来）〜でありうる」という意味です。以下に「できた」以外の意味の could の例をいくつか挙げます。

6 **Couldn't** we visit both St. Louis and Hannibal without staying an additional night?
（1 泊増やさずにセントルイスとハンニバルの両方を訪ねることはできないだろうか）［Ⓢ -13追筆］
＊ Can't we 〜？よりも控えめな言い方。

7 There needs to be some limitation to what students can wear to school. Without a dress code students **could** wear clothing that is offensive, inappropriate, distracting, or threatening.
（生徒が学校へ着て来られるものには何らかの制限が必要です。

表2-4 could の意味の分類

	Ⓡ	Ⓢ	計
① 可能（〜できた［る］）	53	44	97
② 可能性（〜でありうる）	5	13	18
③ 依頼（〜してくれませんか）	0	8	8
④ 許可（〜してもよい）	0	1	1

＊「依頼」「許可」の例は**2**を参照。

表2-5 「可能」を表す could の分類

	Ⓡ	Ⓢ	計
① 〜できた	29	12	41
② 〜できる（かもしれない）	3	24	27
③ 時制の一致（can → could）	21	5	26
④ 仮定法を使った文中	0	3	3

服装規定がなければ，生徒は不快感を与える服，不適切な服，気を散らす服，あるいは威嚇的な服を着るかもしれません）［Ⓡ-08本筆］

＊could は仮定法過去に由来するが，「もし〜がなければ…<u>できるのに</u>」の意味ではない。

⑧ If we **don't have** school dress rules, with today's fashion, things **could** get out of control.

（学校の服装規定がなければ，今日の流行のもとでは事態は収拾がつかなくなるかもしれない）［Ⓡ-08本筆］

＊if 節中では現在形，主節では過去形が使われている。このような例はⓇ・Ⓢ中に数件見られる。

ここで，冒頭で示した問題を再掲します。

The phone is ringing. It (　　) be Bill.
　① may　　② might　　③ can　　④ could
（電話が鳴っている。ビルからかもしれない）

この文は G5 の can の項から引用したもので，原文は次のとおりです。

The phone is ringing. It may [might, could, ×can] be Bill.
（電話が鳴っている。ビルからかもしれない）

したがって正解は「①②④は○，③は×」です。このように肯定文中で現在や未来の個別の可能性を表す場合，could は使えますが can は使えません。Ⓖ中の次の問いも参考にしてください。

⑨ Don't go too far out from the shore in that small boat.
　(　　)
　① It cannot be in danger.
　② It **could** be dangerous. 〔正答〕
　③ You wouldn't be dangerous.
　④ You'd be out of danger.
（その小さなボートで海岸から遠く離れすぎてはいけない。危険なことになりかねないから）〔Ⓖ-92本筆〕
＊「〜でありうる」が個別の可能性を意味するときは could を使う。会話で Could be.（そうかもね）という答え方があるが，この場合も Can be. とは言わない。

⑩ "I saw Mr. Yamada at Shinjuku Station this morning." "You

( ) have. He's still on vacation in Hawaii."

① **couldn't**〔正答〕　② didn't　③ might　④ should

(「けさ新宿駅で山田氏を見たよ」「そんなはずはないわ。彼はまだ休暇でハワイにいるのよ」)〔Ⓖ-96本筆〕

* You couldn't have seen him. の意味。can't も使えるが、couldn't の方が控えめな表現。

[D] should (115件)

表2-6を見てください。should はほとんどが「～すべきだ[する方がよい]」の意味であり、「～のはずだ」の例は4件のみでした。

表2-6 should の意味の分類

	Ⓡ	Ⓢ	計
① 義務 (～すべきだ)	42	69	111
② 推量 (～のはずだ)	2	2	4

⑪ "Oh, we have to put some paper in it." "I guess we **should have checked** that first."

(「そうだ、それ[プリンター]の中に紙を入れなくちゃ」「それを最初にチェックしておけばよかったみたいね」)〔Ⓢ-13本リ〕

*「義務」の例。〈should have＋過去分詞〉の形はこれを含め6件。

⑫ By now, your suitcases **should** be with the baggage that hasn't been claimed yet.

(今ごろあなたのスーツケースは、まだ戻っていない荷物といっしょにあるはずです)〔Ⓢ-07追筆〕

*「推量」の例。空港で客が手荷物を探している状況。

[E] may (113件)

表2-7を見てください。may は「推量」の意味で使われているものがほとんどであり,「許可」の意味ではほとんどが May I ~? の形です (→**2**)。

表2-7 may の意味の分類

	Ⓡ	Ⓢ	計
① **許可**(~してもよい)	0	7	7
② **推量**(~かもしれない)	83	23	106

⑬ Some birds **may** sleep in flight while they travel long distances from one part of the world to another.
(一部の鳥は,世界のある場所から別の場所へ長い距離を旅する間,飛行中に眠ることもある) [Ⓡ-07追筆]
＊可能性を表す may は,「~すること[場合]がある」と訳すと自然な日本語になるケースも多い。

⑭ Well, I think I **may have left** my bag on the train and I'm wondering if anyone has handed it in.
(ええと,電車にバッグを置き忘れたかもしれないと思って,誰かが届けていないかと思っているのですが) [Ⓢ-11追筆] (→p.7)
＊〈may have＋過去分詞〉の形はこれを含め8件。

[F] might (53件)

次ページの表2-8を見てください。時制の一致で may が might になった場合を除いては,might を「許可」の意味で使うことはまれです。Ⓡ・Ⓢ中の might はすべて「推量」の意味です。

なお,可能性・推量の助動詞について,G5の might の項に「話し手の確信度は概ね could, might, may, can《否定文・疑問

表2-8 might の意味の分類

	Ⓡ	Ⓢ	計
推量（〜かもしれない）	37	16	53

文で》, should, ought to, would, will, must の順で強くなるが，may と might はほぼ同程度であることも多い」という説明があります。

⑮ At first, I got really angry, but looking at all the sharp, broken glass, I started to get worried that one of the boys **might have gotten** injured.
（最初は本当に腹が立ったけれど，とがった割れたガラスを見渡して，私は少年たちの1人がけがをしたかもしれないと心配し始めた）[Ⓡ-14追筆]
＊〈might have＋過去分詞〉の形はこれを含め2件。もう1件は仮定法過去完了の主節で使われている。

[G] must（39件）

次ページの表2-9を見てください。must は「義務」の意味が優勢ですが（→**2**），「推量」の意味でも使われています。

⑯ It's so crowded here. Several flights **must have arrived** around the same time.
（ここはとても混んでいる。数便がほぼ同時に着いたに違いない）[Ⓢ-07追筆]
＊〈must have＋過去分詞〉の形はこれを含め3件。

表2-9 must の意味の分類

	Ⓡ	Ⓢ	計
① 義務（〜しなければならない）	24	2	26
② 推量（〜に違いない）	6	7	13

参考までに，未来の（個別の）出来事に対する推量などを表す形をまとめて示しておきます。

① 和文 彼は試験に合格するに違いない。
　英訳 ○ (a) He **is sure to** pass the exam.
　　　 × (b) He <u>must</u> pass the exam.
＊ must pass は「合格しなければならない」の意味。

② 和文 彼は試験に合格するかもしれない。
　英訳 ○ He **may** [**might**] pass the exam.
＊ may は未来の出来事を推量する場合にも使える。

③ 和文 彼は試験に合格する［落ちる］可能性がある。
　英訳 ○ (a) He **could** pass [fail] the exam.
　　　 × (b) He <u>can</u> pass [fail] the exam.
＊ can pass は「合格できる」の意味。can fail は意味的に不自然。

④ 和文 彼は試験に合格するように思われる。
　英訳 ○ (a) He **seems to be going to** pass the exam.
　　　 × (b) He <u>seems</u> to pass the exam.
＊ seem の後ろには状態動詞や習慣的動作を表す動詞を置く。未来に向けての推量には使えない。

2 Shall I / we ～? はイギリス英語

今度は意味の面から，Ⓡ・Ⓢ中でよく使われている助動詞を分析してみました。

[A] 依頼する表現

相手に「～してくれませんか」と依頼する場合，Ⓡ・Ⓢ中でどんな形が使われているかを集計すると表2-10のようになりました。

表2-10 依頼表現の使用頻度

形	Ⓡ	Ⓢ	計
Could you ～?	0	8	8
Can you ～?	0	6	6
Can't you ～?	0	1	1
Would you ～?	0	1	1

サンプル数が多くありませんが，少なくともセンター試験の会話問題では Could [Can] you ～? の形がよく使われているようです。

なお，G5の could の項に「**ていねいさの度合いはおよそ，Could you …? ＞ Can you …? ＞ Would you …? ＞ Will you …? の順に低くなる**」と説明されています。また『ウィズダム英和辞典』では Will you ～? に関して「命令文に近い強い言い方で相手に断る余裕を与えない；しばしば話し手のいらいらを暗示する」とあります。「『依頼』の意味では Will you ～? は使わない方がよい」と教えてもよいかもしれません。

⒄ Help me with the cake, John. **Can you** put the blueberries on top?

(ケーキを作るのを手伝ってよ，ジョン。ブルーベリーを上に載せてくれる？)［Ⓢ-11本リ］

＊たとえば知らない人に道を尋ねる場合に Can you tell me the way to ～? と言ってもかまわない。

⑱ "Don't forget Jack's birthday party on Saturday." "I have to have a tooth pulled that day." "**Can't** you come after that?"

(「土曜日のジャックの誕生パーティーを忘れないでね」「その日は歯を抜いてもらわなくちゃならないんだ」「その後で来られないの？」)［Ⓢ-11本リ］

＊一般に否定疑問文は肯定（イエス）の答えを期待する言い方なので，Can't you ～? は「～することはできませんか（できます［してくれます］よね)」というニュアンスになる。

[B] 許可を求める表現

「～してもいいですか」の意味を表す表現の件数は表2-11のとおりです。

表2-11 許可を求める表現の使用頻度

形	Ⓡ	Ⓢ	計
Can I ～?	0	8	8
May I ～?	0	6	6
Could we ～?	0	1	1

can と may を使って例を１つずつ挙げます。

⑲ "**Can I** ask a question?" "Of course."

(「1つ質問してもいいですか」「もちろんです」)［Ⓢ-16本筆］

＊ Can I ~? は目上の人に使ってもかまわない。

20 **May I** have your baggage claim tags, please?

（手荷物預かり証をいただけますか）［Ⓢ-07追筆］

＊ May I ~? は接客する側が客に対して使う例が多い（May I help you? など）。

[C] 義務を表す表現

「~しなければならない［する必要がある］」の意味を表す形は，表2-12のようになっています。

表2-12 must, have to, need to の使用頻度

	肯定文	否定文	疑問文	計
must	25 (24：1)	1 (1：0)	0	26 (24：2)
have to	55 (23：32)	11 (3：8)	1 (0：1)	67 (26：41)
need to	54 (19：35)	5 (4：1)	0	59 (23：36)

＊(　)内はⓇ：Ⓢ。have to には have got to（2件）を含む。上記のほかに be supposed to が3件。need to は一般に助動詞としては扱わないが，比較のため集計に加えた。

表2-12から，次のことが言えそうです。

・**must** よりも **have to** の方がよく使われる。
・**need to** も **have to** と同じくらいよく使われる。

have to の件数が must よりも多い1つの理由は，形の上で

have to しか使えない場合（たとえば過去時制の文）があるからです。

[21] She **had to** see a doctor regularly for a month.
（彼女は月に1度定期的に医者の診察を受けねばならなかった）
[Ⓢ -12本筆]
＊had to が16件, will have to など前に助動詞のついた形が7件。これらは must で置き換えられない。

　意味の面から言うと, G5の must の項に「must は話し手によって課された義務を表し, have to は外部の事情によって課された義務を表す。したがって, 意味は must の方が強い。この区別は《米》よりも《英》でよく守られている」という説明があります。しかし特にⓇ中では, 客観的な説明文中で must を使っている例がかなりあります。

[22] The distance each runner **must** cover depends on many factors such as age, gender, and weather conditions.
（（駅伝の）各走者が走らねばならない距離は, 年齢, 性別, 天候など多くの要因で決められる）[Ⓡ -06追筆]
＊must は「外部の事情によって課された義務」の意味。

　実用上は,「〜しなければならない＝ **have [need] to**」と覚えておいても大きな支障はありません。
　なお, have to と need to の違いについて, G5では I need to speak to Max urgently.（至急マックスと話をしないといけない）という文に対して「《英》《米》とも I have to speak …の方がふつう」という解説があります。『ウィズダム英和辞典』には need to に

対して「必要性の程度は must や have to よりも弱い」「話し手の判断する義務を表すことから、譲歩や主張を強調する表現として使われる」という解説があります。また『ネイティブが教えるやりなおしの中学英文法』には I have/need to go shopping tomorrow. という文に対して「誰かに付き合わされてしぶしぶ行くときは have、（自主的に判断して）デートに備えて服を買いに行くときは need が適切」という趣旨の解説があります。

[D] 提案する表現

一般には「～しましょうか＝ Shall I/we ～ ?」と教えますが、shall はイギリス英語で使う語です。G5には「《米》では Shall I do …? の代わりに Should I do …? / Can I do …? / Do you want me to do …? / Would you like me to do …? をよく用いる」という説明があります。そこで®・⑤でこれらの表現を調べたところ、次ページの表2-13のような結果になりました。

このように Shall I/we ～ ? にはさまざまな代用表現があり、すべて会話でよく使われます。

23 "So, if you don't mind garlic, **shall we** go with Seasonal Vegetable?" "Sure. **Should I** call?"
（「じゃあ、もし君がニンニクがいやでなければ、『季節の野菜（ピザ）』にしようか」「いいわ。電話しましょうか？」）［⑤-16本リ］
＊ G5の should の項には「Should I …? の場合、話し手は聞き手が No と言いやすいような言い方をしているが、Shall I …? では話し手はYesという返事を想定している」という説明がある。

24 **Do you want me to** turn in your homework for you?
（あなたの代わりに私が宿題を提出してあげましょうか）［⑤-10本リ］

表2-13 「〜しましょうか」を表す表現の件数
① 「私が〜しましょうか」

	Ⓡ	Ⓢ	計
Shall I 〜?	0	1	1
Should I 〜?	0	4	4
Do you want me to 〜?	0	3	3
Would you like me to 〜?	0	2	2

② 「一緒に〜しましょうか［しませんか］」

	Ⓡ	Ⓢ	計
Shall we 〜?	0	7	7
Should we 〜?	0	3	3
Why don't we 〜?	0	4	4

＊風邪で学校を休むことになった友人との会話。

㉕ **Should we ask for separate checks?**

（勘定を別々にしてもらうよう頼みましょうか）［Ⓢ-09本筆］

＊レストランでの支払いの場面。

3　その他の助動詞

ここまでに取り上げなかったいくつかの助動詞を説明します。なお，ought to, need（助動詞），dare はⓇ・Ⓢ中に1件もありませんでした。

[A] be able to

be動詞の形で分類すると次ページの表2-14のようになります。例を1つずつ挙げます。

表2-14 be able to が使われる形の分類

	Ⓡ	Ⓢ	計
① am/are/is able to	3	3	6
② was/were able to	8	5	13
③ 助動詞＋be able to	5	6	11
計	16	14	30

㉖ Did you hear? Sharon **isn't able to** attend tomorrow's party.
（聞いた？シャロンは明日のパーティーに来られないわ）［Ⓢ-15追筆］
＊「状況的にできない」の意味。can't も使える。

㉗ Luckily, she **was able to** get a ticket to Hakata.
（運よく彼女は博多までの切符を買えた）［Ⓢ-07本筆］
＊could（〜できた）は過去の1回限りの行為には使えないので，she could get a ticket とは言えない。

㉘ We **won't be able to** get seats for the three o'clock one.
（3時の（公演の）席は取れないだろう）［Ⓢ-16追リ］
＊助動詞の内訳は will（8），should（2），must。

[B] had better

Ⓡには I had better 〜 が1件。Ⓢには5件あり，内訳は I'd better 〜(2)，you'd better 〜(2)，we'd better 〜 です。Ⓢ中の例はすべて短縮形が使われており，文法問題でよく問われる had better not の形はⓇ・Ⓢ中にはありませんでした。

㉙ "It says here that we need a reservation for the

workshop." "**You'd better** run!"
(「ワークショップ［作業体験］には予約が必要だとここに書いてあるぞ」「急いで！」) ［Ⓢ-16追リ］
＊ you'd better は（脅迫的な響きを持つので）避ける方がよいと時に言われるが，この例のように差し迫った状況なら使える。

Ⓖ中には次の1件があります。

30 Oh, it has started to rain. (　　) we **better** stay at home?
① Are not　② Don't　③ **Hadn't**〔正答〕　④ Should not
(おや，雨が降り出した。家にいた方がよくないだろうか) ［Ⓖ-16追筆］
＊ G5に「疑問文ではあまり用いられない。否定疑問文ではよく用いられる」という趣旨の説明がある。

[C] used to
文法問題では，used to と紛らわしい形との区別がしばしば問われます。Ⓖにも次の例があります。

31 Wood (A) be used as the main fuel, but nowadays fossil fuels (B) widely.
① A：**used to**　　　B：are used〔正答〕
② A：used to　　　　B：have been used
③ A：was used to　　B：are used
④ A：was used to　　B：have been used
(以前は木材が主要な燃料として使われたが，近ごろでは化石燃料が広く使われている) ［Ⓖ-16本筆］
＊ used to と be used to の区別がポイント。

ⓇㆍⓈ中で紛らわしい3つの形の件数を集計すると，表2-15のようになりました。

表2-15 be used to の意味ごとの件数

	Ⓡ	Ⓢ	計
① used to＋動詞の原形 （以前は〜だった［〜していた］）	6	2	8
② be/get used to＋(動)名詞 （〜(すること)に慣れ(てい)る）	5	1	6
③ be used to＋動詞の原形 （〜するために使われる）	14	0	14
計	25	3	28

この結果から，特に①と③の形の区別が重要だと言えそうです。Ⓡから1つずつ例を挙げます。

32 People **used to** think that sleep just meant your brain activity temporarily stopped.
（睡眠は脳の活動が一時的に停止することを意味すると以前は考えられていた）［Ⓡ -07追筆］
＊前に be 動詞がないので used to は助動詞。

33 Dance has also **been used to** make sure that adults follow the rules of their community.
（踊りは成人に地域社会の決まりを確実に守らせるためにも利用されてきた）［Ⓡ -13本筆］
＊前に been があるので，used は過去分詞（使われる）。

なお助動詞の used to の使い方について，『クイズ！その英語,

ネイティブにはこう聞こえます』で次の2つの文が比較されています。

(1) John <u>used to be</u> a teacher.
(2) John <u>was</u> a teacher.

(2)については「ネイティブの耳には,『ジョンは生前,教師をしていました』と聞こえている。…人名を主語にして was a ～という言い方は,故人についてしみじみ語るときによく使われる言い回し。まさにお通夜で言いそうなひとことだ。」と説明されています。

[D] 助動詞を含む慣用表現
 文法問題でよく問われる慣用表現がⓇ・Ⓢ・Ⓖ中にあるかどうかを調べてみました。表2-16を見てください。

表2-16 助動詞の慣用表現の出現頻度

	Ⓡ	Ⓢ	Ⓖ
① **would like**（to *do*）	4	39	1
② **would rather**	0	7	3
③ **Would you mind** ～ ?	0	1	2
④ **cannot [can't]** ～ **too** …	0	0	0
⑤ **may [might] well**	1	0	0
⑥ **may [might] as well**	0	0	1

以下,簡単に解説します。

① **would like (to *do*)**
　主に会話で使われ，ほとんどは I'd like to または Would you like to ～ ? の形です。

　34 Hello, **I'd like to** make a dinner reservation for 7 o'clock tonight.
　　（もしもし，今夜7時に食事の予約を取りたいのですが）〔Ⓢ-16本リ〕
　　＊Ⓡ・Ⓢの would の全用例（180件）中，約4分の1に当たる43件が would like (to) の形。

② **would rather**
　会話では I'd rather … の形が基本。文法問題では「原形を使う」という点がよく問われます。

　35 "Shall we split the bill equally?" "**I'd rather** not do that."
　　（「割り勘にしましょうか」「できればそうしたくないのですが」）〔Ⓢ-09本筆〕
　　＊Ⓢ中には I'd rather が6件，I would rather が1件。
　36 Most young people **would rather** spend money **than** (　　) it in the bank.
　　① having put　　② put〔正答〕　　③ to put　　④ putting
　　（ほとんどの若者はお金を銀行に預けるより使いたがる）〔Ⓖ-03追筆〕
　　＊〈would rather A than B〉の A・B ともに原形を使う。

③ **Would you mind ～ ?**
　Ⓢ中に1件あります。

37 "**Would you mind** taking a look at this?" "This is a great plan, Harry! …"
(「ちょっとこれを見てもらってもいいかな」「これはすばらしい案だよ,ハリー!…」)[Ⓡ -09追筆]
＊「かまいません」の意味では否定の形を使って答えるのが一般的だが,この会話ではその返答を省いている。

④ **cannot [can't] ～ too …**
G5では careful の項に「You can't be too careful. いくら注意してもしすぎることはない」というフレーズが見出し語として載っています。入試の文法問題でもほとんどこの形しか出ないので,一種の熟語として覚えておくのが効率的です。

⑤ **may [might] well**
『ライティングのための英文法ハンドブック』には,「『～するのはもっともだ』の意味ではあまり使われない」「may well の第一義は to be very likely to … である」という説明があります。Ⓡ中に例が１件ありますが,そちらの意味です。

38 It's only doing what is natural. It **may well** be a loving pet to its owners.
(それ[犬]は当然のことをしているだけだ。飼い主にとってはかわいいペットだろう)[Ⓡ -06追筆]
＊２人の少年に犬が吠えている状況。may well は「たぶん～だろう」の意味。

⑥ **may [might] as well**
「～しても(しなくてもどちらでも)よい」ということ。

[39] It's not very important. We **might** (　　) forget about it.
① as much　　② as possibly
③ as quickly　　④ **as well**〔正答〕
(それはあまり重要ではない。それについては忘れてもいいだろう)〔Ⓖ-97本筆〕

*昔は may as well = had better のような教え方もしていたが,両者は全く意味が異なる。

4　助動詞の指導に当たっての注意点（まとめ）

この章の説明のうち，特に重要と思われる点をまとめてみました。

① 控えめな気持ちを表す **would**・**could** は利用価値が高いので, 使えるようにしたい。
② 個別の可能性 (〜でありうる) を表す場合, **could** は使えるが **can** は使えない。
③ 依頼表現のていねいさの度合いは, おおむね **Could you 〜?** > **Can you 〜?** > **Would you 〜?** > **Will you 〜?** となる。**Will you 〜?** は避ける方がよい。
④ 「〜しなければならない＝ **have to**」と覚えておいてよい。
⑤ **must** (〜に違いない) は未来に向けての推量には使えない。
⑥ **Shall I/we 〜?** の代わりに **Should I/we 〜?** などを使うことも多い。

第3章　受動態

―情報構造を意識することの重要性―

　文法の授業では，能動態と受動態の書き換えを教えるのが一般的です。しかし与える素材によっては実用性の低い不自然な文が量産され，結果的に生徒の英語感覚を鈍らせるおそれがあります。
　この章では，データの分析に加えて，受動態を教える際にどんな文を使えばよいかを考えていきます。

> **問題**
> 次のうちで，より自然な文はどちらでしょうか。
> (1) This book was written by a famous actor.
> 　　(この本はある有名な俳優によって書かれた)
> (2) This book was written by the famous actor.
> 　　(この本はその有名な俳優によって書かれた)
> 〈正解は p.65〉

　章全体の説明の流れは以下のとおりです。まず❶では，受動態の基本的な使い方を情報構造の観点から説明します。❷〜❻では，データの分析を通じて主な学習項目の重要度と素材の選び方を考察します。❼・❽では，受動態の指導に当たっての留意点を確認します。❾はまとめです。
　文法の授業で取り扱う受動態の主な学習項目には，次のようなものがあります。

- 受動態と助動詞・完了形・進行形の組み合わせ
- 否定文・疑問文の受動態
- SVOO・SVOC の受動態
- 〈V+O+原形不定詞 / 分詞〉の受動態
- It is said that ～型の表現
- 群動詞の受動態
- 動作を表す受動態（get＋過去分詞）
- by 以外の前置詞を伴う受動態

　これらに加えて，**受動態と能動態の使い分け**も重要な学習テーマです。生徒が受動態を難しく感じる１つの理由は，「受動態＝〜される」という関係が必ずしも成り立たないことです。たとえば be excited（わくわくする），be injured（けがをする），be located 〜（〜に位置している）のように，形は受動態と同じでも「〜される」とは訳さない場合がよくあります。しかしこれらは受動態ではなく，〈be 動詞＋形容詞〉と考えるべきでしょう。**-ed 形には過去分詞と形容詞とがある**という点の理解が重要です。形容詞としての -ed 形については第 6 章を参照してください。また，「財布を盗まれる」型の表現もこの章で説明しています。

　以下の説明では，必要に応じて○（自然な文），△（不自然な文）の記号を使っています。(1)(1')のようなペアの例文は，(1)が能動態，(1')が受動態です。

■1 受動態は何のために使うのか？

　冒頭の問いの 2 つの文を再掲します。

(1) This book was written **by a famous actor**.
　　（この本はある有名な俳優によって書かれた）

(2) This book was written **by the famous actor**.
（この本はその有名な俳優によって書かれた）

　問いの答えは「(1)の方が自然」です。受動態の1つの学習目標は，(2)が不自然な文だと直感的にわかる力を養うことです。(2)はThe famous actor wrote this book. と言えば十分です。能動態で表せば済む内容を，わざわざ受動態で表現する必要はありません。

　では，受動態はどんな場合に使うのでしょうか。オーソドックスな説明は次のとおりです。文を作るには，まず主語［＝主題］を選択する必要があります。上の例で言うと，話し手が「この本」について語りたいときは this book が主語として選ばれます。そして「この本は」に続く述部が「～される［された］」という内容なら受動態が選択されます。

　しかしその説明だけでは，(2)が不自然である理由がわかりません。そこで情報構造を考えると，(1)(2)ともに（無標の解釈では）主語は旧情報です。なお，(2)を Th́is book was written by the famous writer. のように（this に強勢を置いて）読めば下線部が新情報になり，「その有名な作家によって書かれたのは（他の本ではなく）この本だ」という自然な意味になります。このように文の意味は強勢の位置によって変わりますが，説明を簡略化するために「無標の強勢［解釈］では」という前提で話を進めます。

　英語の文は「旧情報－新情報」の順に並べるのが普通なので，主語の後ろには新情報があるはずです。This book was written … の下線部は新情報の一部ですが，これだけでは意味をなさないので，新情報の焦点はさらに後ろにあると考えられます。

　そこでさらに後ろを見ると，(1)は by a famous actor です。a は新情報のマーカーなので，この部分が新情報の焦点です。つま

り「旧情報－新情報」の配列なので，(1)は自然な文です。一方(2)の by the famous actor の場合，the は旧情報のマーカーなので「(相手も既に知っている) その有名な作家によって」という意味です。すると(2)には新情報の焦点がないことになり，不自然に響くわけです。ちなみに能動態の The famous actor wrote <u>this book</u>.（その有名な作家はこの本を書いた）は下線部が新情報です。下線部は a book（新情報）でも自然な文ですが，the book（旧情報）は不自然に響きます（→ p. 88）。

　上の説明から，次のことがわかります。

・**受動態に続く by（～によって）の後ろには新情報を置く。**

したがって，次の(3)→(3')のような書き換え問題は悪問です。

○(3) <u>He</u> bought <u>a new car</u>.
　　　旧　　　　　新
　　（彼は新しい車を買った）
△(3') <u>A new car</u> was bought <u>by him</u>.
　　　　新　　　　　　　　　　旧
　　（新しい車が彼によって買われた）

(3)は「旧－新」という自然な情報構造ですが，(3')は「新－旧」という正反対の配列です。したがって(3)の方が普通の言い方であり，(3')は実際にはまず使われないでしょう。

　このように情報構造の観点から考えると，**受動態を使う目的は新情報を後ろに置くことだ**と言えます。

　参考までに付け加えると，The game ① <u>was canceled</u> ② <u>because of rain</u>. では（The game was canceled. だけで文の意味が

完結しているから）①②の両方が新情報の焦点になりえます。つまり「試合は中止された（補足して言えばその理由は雨だ）」「試合が中止されたのは雨のせいだ」の2つの解釈ができます。

2 受動態は肯定文で使うことが多い

Ⓡ・Ⓢ中の受動態の総数は422件です。3つの文の種類に分けて集計すると表3-1のようになりました。

表3-1 受動態が使われる文の種類

文の種類	Ⓡ	Ⓢ	計
肯定文	357	48	405（96%）
否定文	7	6	13（3%）
疑問文	0	4	4（1%）
計	364（86%）	58（14%）	422

＊集計対象は述語動詞の働きをする〈be動詞＋過去分詞〉のみ。ただし〈接続詞＋過去分詞〉（when asked のような形）は集計に含む。be interested, get＋-ed形, 限定用法の過去分詞などは第6章, be supposed to do は第5章を参照（これらは集計から除く）。

上表のとおりⓇ・Ⓢ中のデータに関しては，受動態は書き言葉に多く見られ，その大半は肯定文中で使われています。

否定文・疑問文中の受動態の例を1つずつ挙げます。

① Uranus and Neptune **were not discovered** until after the telescope was invented centuries later.
（天王星と海王星は，数世紀後に望遠鏡が発明されるまで発見されなかった）［Ⓡ-13追筆］
＊13件中，助動詞つきの形（例：can't be＋過去分詞）が4件,

完了形と組み合わせた形（例：hasn't been＋過去分詞）が2件。後ろに動作主を表す by がついている例は1つもない（→ p. 79）。

② I'd like pancakes and orange juice. But **is it** freshly **squeezed**?
（ホットケーキとオレンジジュースをください。でも、それ[ジュース]は絞りたてですか）［Ⓢ-15追リ］

＊Ⓡにはもともと疑問文自体が少ないが、Ⓡの疑問文中で受動態が使われている例は1件もない。

疑問文については、文法の授業で扱う2つのタイプの書き換え問題を考えてみます。

○ (1) What do you call this flower in English?
○ (1') What <u>is</u> this flower <u>called</u> in English?
（この花は英語で何と呼ばれますか）

上の例では(1)(1')ともに自然です。一方、次のような書き換えの練習は本当に必要でしょうか？

○ (2) Who wrote the novel?
△ (2') Who <u>was</u> the novel written <u>by</u>?
（その小説は誰によって書かれましたか）

上の2つの文を比べると(2)の方がずっと自然であり、(2')はまず使われないでしょう。<u>By whom</u> was the novel written? はさらに使われる可能性が低そうです。このような形は知らなくても実用上は困りません。

3 受動態の後ろにはさまざまな形を置く

Ⓡ・Ⓢ中で〈be動詞＋過去分詞〉の後ろに置かれた語句を，表3-2のように分類してみました。

表3-2 受動態に続く要素の分類

形	Ⓡ	Ⓢ	計
[A] 副詞（句・節）	221	28	249（59%）
[B] 目的語	5	0	5（1%）
[C] to *do*	40	6	46（11%）
[D] 補語／to be C	21	6	27（6%）
[E] that 節	16	0	16（4%）
[F] なし	61	18	79（19%）

＊直前に副詞が入っている場合はその副詞を除外して集計。たとえば be used mainly to *do*（主に〜するために使われる）は，[A] ではなく [C] に入れる。

[F] が19%であることからわかるとおり，受動態が文（や節）の末尾で使われているケースは約2割です。全体の約6割は〈**be動詞＋過去分詞＋副詞（句・節）**〉の形であり，その中には〈受動態＋by 〜〉の形（件数は全体の約15%。詳細は p. 79を参照）も含まれます。[A]〜[E] の例を順に見ていきます。

[A] be動詞＋過去分詞＋副詞（句・節）（249件）

249件の副詞（句・節）中，前置詞句が212件（85%）あります。残りの38件は，1語の副詞や when で始まる副詞節などです。

そこで，最も多い〈**be動詞＋過去分詞＋（by以外の）前置詞句**〉について考えてみます。この形は次の3つのタイプに分類できます。

① 過去分詞と前置詞との間に意味的なつながりがない。
② 〈V＋A＋前置詞＋B〉の形がもとになっている。
③ 〈be 動詞＋過去分詞（を含む -ed 形）＋前置詞〉が一種の慣用句である。

それぞれの例を1つずつ挙げます。

3 In some countries, silver gifts **are given for** 25th wedding anniversaries and gold gifts for 50th anniversaries.
（一部の国々では銀の贈り物が25回目の結婚記念日に，金の贈り物が50回目の記念日に贈られる）［Ⓡ-15本リ］
＊①の例。given と for はたまたま隣同士の位置にあるだけで，given が for を要求しているわけではない。

4 In contrast, the peanut **is classified as** a legume, a type of bean.
（対照的に，ピーナツはマメ科，つまり豆の一種に分類される）
［Ⓡ-12本筆］
＊②の例。classify A as B（A を B に分類する）の A を主語にした受動態。classify が as を要求している。

5 Walking into an electronics store today, consumers **are faced with** an amazing variety of audio technology.
（今日では電器店に歩み入れば，消費者は驚くほどさまざまな音響技術に直面する）［Ⓡ-14本筆］
＊be faced with ～（～に直面する）を慣用句として暗記するのが効率的。

生徒はしばしばこれらの形の区別がつかず，たとえば 3 の be given for を見て「これは熟語ですか？」と質問します。したがっ

て，①〜③の３つの型を区別することには意味があると思われます。

なお，①②の -ed 形は過去分詞ですが，③のような〈be 動詞＋-ed 形＋（by 以外の）前置詞〉では -ed 形が形容詞の場合もよくあります。ちなみに『現代英文法講義』(p. 345) では，The ground was <u>covered</u> with snow. の下線部も形容詞だとしています。

受動態の後ろに前置詞句以外の副詞的要素が置かれている例も１つ見ておきます。

⑥ I was raised on a farm and **was brought up surrounded by animals.**
（私は農場で育てられ，動物に囲まれて育った）［Ⓡ -07本筆］
＊ surrounded は「囲まれた状態で」の意味の分詞構文（→第７章）。このほか〈be spent＋-ing 形〉（〜して［しながら］過ごされる）の形が１件。

[B] be 動詞＋過去分詞＋目的語（５件）

過去分詞の後ろにいわゆる保留目的語を置いた形で，能動態ではSVOOで表される文です。

⑦ Salt **was given an economic value** because there were so few places that produced it in large quantities.
（塩を大量に生産する場所は非常に少なかったので，塩は経済的価値を与えられた）［Ⓡ -15本筆］
＊他の４件の過去分詞は，assigned, awarded, given, paid。

SVO_1O_2の形から受動態を使った文を作る場合，O_1を主語にし

た文と O_2 を主語にした文とが作れます(ただし make・choose など〈O_2+for+O_1〉で言い換えられる動詞は、一般に O_1 を主語にした受動態を作れません)。7 は O_1 を主語にしたタイプですが、O_2 を主語にした〈O_2+be 動詞+過去分詞+to/for O_1〉型の文の数を調べてみると、Ⓡ・Ⓢ中には be sent to を使った例が3件あるのみでした。次はそのうちの1つです。

8 She loved this dog so much that she asked for another Akita dog, which **was sent to** her in 1939.
(彼女はこの犬が大好きだったので別の秋田犬がほしいと言い、それは1939年に彼女に送られた)[Ⓡ-15本リ]
＊このように O_2 を主語にした受動態の文では、過去分詞に続く O_1 の前には to/for を入れるのが普通。

なお書き換えの練習では、**O_1 と O_2 を主語にした受動態の文はどちらも自然か?** という点に注意する必要があります。1つ例を挙げます。

(1) My aunt gave me a bag.
 (おばは私にバッグをくれた)
○(1') I was given a bag by my aunt.
 (私はおばにバッグをもらった)
△(1") A bag was given to me by my aunt.
 (1つのバッグがおばによって私に与えられた)

無標の解釈では、それぞれの新情報は下線部です。(1)(1')は新情報が後ろにあるので自然ですが、(1")は a bag(新)― to me(旧)― by my aunt(新)の配列になるので不自然です。したがって、

「(1)を受動態で言い換えなさい」という問いに対しては，(1')だけを正解とするのがベターです。

[C] be 動詞＋過去分詞＋to *do*（46件）
　この形は第5章でも詳しく説明しています（→ p. 134）。この46件は，主に次の2つのタイプに分けられます。

① 〈V＋O＋to *do*〉の O を主語にした受動態の文
② 〈V＋O〉の O を主語にした受動態の文に，「～するために」の意味の to *do* を加えた形

それぞれの例を1つずつ挙げます。

⑨ For example, men **are** not **allowed to wear** flowered patterns and only monks wear red and yellow.
（たとえば男性は花柄を身につけることを許されず，僧侶だけが赤や黄色を身につける）[Ⓡ-14追リ]
＊この型の過去分詞は asked (4), expected (4), allowed (3), required (3) など。

⑩ In the past, cameras **were** mainly **used to record** special events.
（かつてカメラは主に特別な行事を記録するために使われた）
[Ⓡ-08追筆]
＊この型の過去分詞は used ⑽が特に多い。

なお，Ⓖには①型の例が2件あります。

⑪ Because he came down with the flu, [he / **was** / **forced** /

to / stay at home] for a week.

(インフルエンザにかかったので，彼は1週間家にいることを余儀なくされた）［Ⓖ-12本筆］

12 The weather isn't very good now, but (　) **to be** better tomorrow.

① it expects　　　　　② it's expecting
③ it's **expected**〔正答〕　④ it'll expect

(今は天気があまりよくないが，明日には回復すると予想されている）［Ⓖ-02追筆］

＊能動態で表現することは実際にはないと思われるが，あえて言い換えれば they expect it to be better …となる。

　また，文法の授業で「原形不定詞の受動態」として扱う be seen to *do*, be made to *do* のような形は，Ⓡ・Ⓢ・Ⓖ中には1件もありません。この知識には，私大入試の文法問題対策以上の価値はないように思われます。

　過去分詞の後ろに〈to have＋過去分詞〉の形が置かれているものは，次の例を含め4件あります。

13 These shirts **are said to have begun** as simple clothing worn by plantation workers from the Philippines.

(これらのシャツは，フィリピンのプランテーション労働者が着ていた簡素な服として始まったと言われている）［Ⓡ-12本リ］

＊他の3例は said（2），believed。

[D] be動詞＋過去分詞＋補語 / to be C（27件）

　この形は次の2種類に分類できます。

① 能動態では **SVOC** で表されるもの（18件）
② 能動態では **SVO**（to be）**C** で表されるもの（9件）

まず①について見ていきます。文法では「SVOC の文を受動態にする」という次のような書き換え練習をよく行います。

(1) They call the dog Kuro.
　　（彼らはその犬をクロと呼ぶ）
(1') The dog is called Kuro.
　　（その犬はクロと呼ばれる）

また次のような準動詞を含む形も，SVOC の受動態の一種と考えられます。

(2) We saw the sun rising from the horizon.
　　（私たちは太陽が地平線から昇っているのを見た）
(2') The sun was seen rising from the horizon.
　　（太陽が地平線から昇っているのが見えた）

①型の受動態はⓇ・Ⓢ中に18件ありますが，そのうち16件は上の(1')と同様に called を使ったものです。例を1つ挙げます。

⑭ The four planets closer to the Sun **are called terrestrial planets** because they are solid and rocky.
　　（太陽に近い方の4つの惑星は，硬く岩が多いので地球型惑星と呼ばれる）［Ⓡ -13追筆］

残る2件のうち1つはbe made possible（可能にされる）の形。もう1件は(2')型の次の例です。

15 Behavior is about people's actions, and people in the same culture can often **be seen behaving** similarly.
（行動は人々の行為に関するもので，同じ文化の人々は似た行動をしているのがしばしば見られます）[Ⓡ -16本筆]

文法では(2)→(2')のような受動態の作り方を練習しますが，Ⓡ・Ⓢ中にはこの1件しか例がないことを考えると，実用的な重要度はあまり高くなさそうです。Ⓖには次の例があります。

16 She **was seen** (　　) into the theater with her boyfriend.
① go　② **going**〔正答〕　③ gone　④ went
（彼女はボーイフレンドと劇場に入っているところを見られた）
[Ⓖ -98追筆]

(2)型は〈S+be動詞＋（to be）C〉の形で，Ⓡ・Ⓢ中に9件あります。例を1つ挙げます。

17 For example, someone pulling an injured person out of a crashed car after an accident **is considered brave**.
（たとえば，事故の後で衝突した車からけが人を引きずり出す人は勇敢とみなされる）[Ⓡ -16追筆]
＊この型の過去分詞の内訳は，considered（6），believed（2），thought。consideredは〈＋C〉が5件，〈＋to be C〉が1件。他はすべて〈＋to be C〉。

参考までに補足すると，G5の find の項に次のような例があります。

(3) I found John to be boring.
(3') I found that John was boring.
（ジョンは退屈な人であることがわかった）

両者には微妙な意味の違いがあるものの，「日常的には(3')の方がよく用いられる」というのが G5 の説明です。「**that 節を使って表現できる内容は，その形を使う方がよい**」と覚えておけばよいでしょう。たとえば「彼女は親切だと思う」の英訳は I think (that) she is kind. が口語的な表現であり，I think her to be kind. は少し堅苦しく響きます。

[E] It＋be 動詞＋過去分詞＋that 節（16件）
　It is said that ～（～と言われている）型の文です。

> 18 **It is estimated that** as many as one-fifth of all adults have difficulty using everyday products.
> （全成人のうち 5 分の 1 もの人が，日常的な製品を使うのに苦労していると推定されている）[Ⓡ -11追筆]
> ＊文頭の It は that 節を指す形式主語。内訳は estimated (4), said (3), found (2), hoped (2), thought (2), expected, known, suggested。

この型の表現のうち，said などは次のような言い換えが可能です。

(1) It is said that <u>he</u> is the richest in the town.
(1') <u>He</u> is said to be the richest in the town.
　　（彼は町で一番の金持ちだといわれている）

　[D]で説明したとおり，この場合も **that 節を含む (1) の形を優先的に使う**ようにすればよいでしょう。
　なお，It is said that ～は「一般に～だと言われている」の意味なので，「～だそうだ」という日本語が常にこの形で英訳できるわけではありません。

(2) 和文 試合は延期されたそうだ。
　　英訳 × (a) <u>It is said that</u> the game was put off.
　　　　 ○ (b) **I hear [heard]** (that) the game was put off.
　＊I hear は「聞いて（今知って）いる」，I heard は「聞いた」。どちらを使ってもよい。

　また，be said に関しては次のような誤りも時に見られるので注意が必要です。

(3) 和文 電車はもう出てしまったと私は言われた。
　　英訳 × (a) <u>I was said</u> that my train had already left.
　　　　 ○ (b) **I was told** that my train had already left.
　＊Someone <u>told</u> me that … の me を主語にした受動態。この told を said で置き換えることはできないから，I was said that …は誤り。

第3章　受動態

4 〈受動態＋by〉の形はあまり使わない

「受動態の後ろには by をつけないことの方が多い」とよく言われます。Ⓡ・Ⓢ中で調べてみると，422件の受動態のうち，後ろに by（〜によって）を伴う形は65件（15％）です（内訳はⓇ58：Ⓢ7）。つまり **by を伴う受動態は全体の2割にも満たない**という結果でした。by を使った例を2つ挙げておきます。

⑲ While eating out or shopping, many visitors to Japan **are surprised by** service that is more deferential than what they experience at home.

（外食中や買い物中に，日本を訪れる多くの人は自国で経験するよりも丁重なサービスに驚く）［Ⓡ-13追筆］

＊この文の surprised は形容詞ではなく過去分詞。新情報の焦点（by 以下）を後ろに置くために while 節を前に出している。

⑳ As shown in the graph, a majority of the respondents in the EU considered peace important for them (61%). This **was followed by** respect for the environment, which **was selected by** exactly half of the respondents.

（グラフに示されているとおり，EU の多くの回答者は自分たちにとって平和が重要だと考えていた（61％）。これに環境の尊重が続き，回答者のちょうど半数によって選ばれた）［Ⓡ-11本筆］

＊by を伴う66件の受動態のうち21件（32％）が，筆記試験の第4問（資料問題）に含まれている。〈be 動詞＋過去分詞＋by 〜〉の形で多く使われている過去分詞は，influenced（4），followed（4），affected（3），caused（3），selected（3），used（3）など。

また，一般に **否定文中の受動態が by を伴うことはまれ**です。

Ⓡ・Ⓢには1件もありません。次の例を参照してください。

(1) Tom didn't buy the car.
　　（トムはその車を買わなかった）
(1') The car **wasn't bought by** Tom.
　　（その車はトムによって買われたのではない）

(1)→(1')のような書き換え問題は不適切です。訳文からもわかるとおり，意味が違うからです。(1)では（トム以外の誰かに）車が売れたかどうかは不明ですが，(1')では車は売れており，「買い手はトムではなかった」と言っています。by 以下は新情報（→ p.66）なので強勢を置きます。そして一般に否定文中では，強勢を置いた語が否定の焦点になります。だから(1')は「トムによってではない」という意味になるわけです。

したがって，否定文を使って〈能動態→受動態〉の書き換え練習をさせたいときは，受動態にしたとき動作主が省略される次のような文を使うべきです。

(2) They didn't cancel the game.
　　（彼らは試合を中止しなかった）
(1') The game **wasn't canceled**.
　　（試合は中止されなかった）
＊(2')で by them が（必ず）省略されるのは，人称代名詞は常に旧情報なので，「by の後ろには新情報を置く」というルール（→ p.66）に抵触するから。

文法問題では，〈**群動詞の受動態＋by**〉の形がよく問われます。I was spoken to by a stranger.（私は見知らぬ人に話しかけら

れた）のような文です。このように過去分詞の後ろに前置詞（または副詞）と by が並んで出てくる形を数えてみました。結果は Ⓡ 中に 3 件あったのみで，次の形でした。

・be accounted for by ～（～によって説明される）
・be taken over by ～（～に引き継がれる）
・be sent in by ～（～によって送付［提出］される）

Ⓖ 中にも，この形が 1 件だけあります。

21 "I've been coughing a lot since I moved to the city." "[That may **be accounted for** / **by** the pollution / in the air]."
（「私は市内に引っ越してから咳がよく出ます」「それは空気の汚染によって説明されるかもしれません」）［Ⓖ -15追筆］

一方，〈動詞＋前置詞 / 副詞＋by 以外の前置詞〉の形は全部で 9 件あります（例：be carried out at, be made up of）。「過去分詞の後ろに前置詞［副詞］と前置詞を並べた形もある」ということは知っておくべきですが，英作文ではこのような複雑な形は使わない方が無難でしょう。

参考までに付記すると，受動態の後ろに置かれた by が必ずしも動作主を表すとは限りません。次のような例もあります。

22 Regarding the process of making vinegar, it **is made by** allowing air to react with alcohol of some type.
（酢を作る工程に関しては，酢は空気をある種のアルコールと反応させることによって作られる）［Ⓡ -10本筆］
＊by は手段を表す。同様の形がもう 2 件ある。

5 受動態の be 動詞のバリエーション

過去分詞の前に置かれた be 動詞の形を，表3-3の ［A］〜［D］の 4 種類に分けて集計してみました。

表3-3 受動態の be 動詞の形

形	Ⓡ	Ⓢ	計
［A］ 現在形・過去形	278	42	320（76%）
［B］ 助動詞つき	42	11	53（13%）
［C］ 完了形	38	2	40（ 9 %）
［D］ 進行形	6	3	9（ 2 %）

＊〈接続詞＋過去分詞〉の形は［A］に入れる。

be 動詞のうち約 4 分の 3 は is, was などシンプルな現在形・過去形ですが，残りは少し複雑な形になっています。［B］〜［D］の例を 1 つずつ見ておきます。

㉓ An hour **can be divided** into 60 minutes, and a minute is made up of 60 seconds.
（ 1 時間は60分に分けることができ，1 分は60秒から成る）［Ⓡ-14 追本筆］
＊助動詞別に見ると，can が53件中40件（75%）を占めている。

㉔ Mr. Suzuki is a top salesperson for a cosmetics company who **has been awarded** many prizes for his performance.
（鈴木氏はある化粧品会社のトップセールスマンであり，その業績に対して多くの賞が与えられてきた）［Ⓡ-11本筆］
＊生徒はしばしば〈have［had］been＋過去分詞〉（完了形の受動態）と〈have［had］been＋現在分詞〉（完了進行形）を混同する。Ⓡ・Ⓢ中の件数は，前者が40件，後者が32件（→ p.

13) とほぼ拮抗している。

25 Actually, her father **is being transferred** to Kyoto.
 （実は，彼女のお父さんは京都へ転勤する予定です）［Ⓢ-16追リ］
 ＊予定を表す進行形と受動態を組み合わせた形。これ以外の8件の〈be動詞＋being＋過去分詞〉は「～されつつある」の意味。

Ⓖにも［B］～［D］の例があります。ここでは［B］と［C］の例を挙げておきます（［D］の例は29を参照）。

26 "How long will it take them to finish the work?" "I think everything (　　) by the end of next month."
 ① did　② was done　③ **will be done**〔正答〕　④ will do
 （「彼らがその仕事をするのにどのくらいかかりそうですか」「来週末までに全部終わるだろうと思います」）［Ⓖ-99追筆］

27 Nothing (　　) from the explorer since last night.
 ① **has been heard**〔正答〕　② has ever heard
 ③ is ever heard　　　　　　④ was being heard
 （その探検家からは昨夜からずっと何も連絡がない）［Ⓖ-16追筆］

参考までに，もう1つデータを示します。受動態のbe動詞と過去分詞との間に，副詞が入り込んでいる形がかなりあります。この形はⓇ・Ⓢの中の受動態（422件）の約17％（72件）を占めています。

28 It is said that pajamas **were first introduced** to England in the 17th century, but soon went out of fashion.
 （パジャマは17世紀に初めてイギリスに紹介されたと言われているが，すぐに廃れた）［Ⓡ-13追リ］

＊ first（10），also（10）が多い。このように be 動詞と過去分詞との間に置かれる副詞は原則として 1 語であり，例外は 1 件のみ（be naturally very surprised）。

6　動作受動態と状態受動態を正しく区別する

「動作受動態＝～される」「状態受動態＝～されている」という説明は，誤解を招くおそれがあります。

㉙ Robert can't leave the meeting now because an important plan (　　) **discussed**.
　① had been　　② is　　③ **is being**〔正答〕　　④ was
（重要な計画が議論されているので，ロバートは今は会議を抜けられない）〔Ⓖ-13追筆〕
　＊進行形と受動態を組み合わせた例。

　この問いで「②の is discussed を『議論されている状態だ』の意味に解釈してはいけないのか？」という疑問が生徒から出た場合，次の説明が可能です。
　状態受動態の「状態」とは，**行為の結果としての状態**のことです。たとえば be closed は「閉じられる」（動作），「閉じられている」（状態）の 2 つの解釈が可能です。後者の解釈ができるのは，close が「（閉じるという行為の結果として）閉じられている」という意味を表しうるからです。build, cut, make, paint なども同様です。The wall is painted white. なら，下線部は「塗られる」「（塗るという行為の結果として）塗られている」の両方の解釈ができます。
　一方，carry, hit, push, speak, discuss などは行為そのものしか表すことができません（→『オックスフォード実例現代英語

用法辞典』pp. 643-4)。このような動詞の受動態はすべて動作受動態です。能動態に直して考えることもできます。

(1) They discuss an important plan.
(1') An important plan is discussed.

(1)(1')はどちらも不自然です。(1)は動作動詞の現在形（discuss）が習慣を表すことになるので，「彼らはある重要な問題を習慣的に議論する」と解釈されます。同様に(1')も「ある重要な問題が習慣的に議論される」という不自然な意味になります。ただし，(×) They invite me to the party. → (○) I'm invited to the party.（私はそのパーティーに招待されている）のようなケースもあります。これは，invite が close 型の動詞であり，I'm invited は招待された結果として招待客の状態になっている」という意味を表すからだと考えられます。

以下の例にも注意してください。

(2) 和文 彼の車はイタリア製だ。
   英訳 × (a) His car is made in Italy.
        ○ (b) His car was made in Italy.
   ＊(a) は「彼の車は（いつも）イタリアで作られる」の意味。能動態では They make his car in Italy.
(3) 和文 その便は悪天候で遅れている。
   英訳 △ (a) The flight is delayed due to bad weather.
        ○ (b) The flight has been delayed due to bad weather.
   ＊(a) は「その便はいつも悪天候で遅れる」と解釈される余地がある。ただし delayed を純粋な形容詞と考えれば (a) も可。

動作受動態に関して言うと，一般に〈get [become] ＋過去分詞〉の形は口語的であり，書き言葉では「～される」の意味も〈be 動詞＋過去分詞〉で表すことが多いと言われます。〈一般動詞＋-ed 形〉は第 6 章で扱っていますが，〈get [become] ＋-ed 形〉だけを取り出して集計すると表3-4のようになります。

表3-4 動作受動態で使う get と become の頻度

動詞	Ⓡ	Ⓢ	計
get	11	11	22
become	2	0	2

＊get の方が become よりも普通。ただし, たとえば become known を get known とは言わない。

　〈be 動詞＋過去分詞〉の受動態の総数がⓇ：Ⓢ＝364：58である（→ p. 67）ことを考えると，get はⓈ中の比率がかなり高い（つまり口語的である）と言えそうです。

　ただし上記のうち大半の -ed 形は，過去分詞ではなく形容詞です。すべて示すと次のようになります。

- ・ get ＋tired (3), interested (2), irritated (2), started (2), worried (2), bored, **cleaned up**, **deleted**, excited, hurt, lost, paid, **served**, **stressed out**, **tricked**
- ・ become ＋interested, involved

　これらのうち，過去分詞と言える（G5で形容詞扱いされていない）語句は太字の 5 件のみです。高校生に対しては，**〈get＋-ed 形〉は -ed 形が形容詞の場合に限って使うよう指導しても**よいかもしれません。

7　受動態の書き換え練習に適した素材とは？

　「能動態→受動態」の書き換え問題を作る場合，情報構造を考慮して**能動態の文をどのような形にするかをよく考える必要があ**

ります。これまでの説明をふまえて、重要なポイントをまとめてみました。

① S はできるだけ一般の人（people, they, we, you）にする。
② （上記以外の）人称代名詞は S にしない。
③ 〈S+V+O〉だけの文を使う場合, 〈a/the＋名詞〉は S にも O にもしない。

①の理由は，書き換えた受動態の後ろに by を置きたくないからです。p.79 で見たとおり，受動態の後ろに by のついた形はⓇ・Ⓢ中には 15％しかありません。適切な英語感覚を養うには，by のない受動態を作る練習をする方がベターでしょう。1つ例を挙げてみます。

〇 (1) They clean the toilets every day.
〇 (1') The toilets are cleaned every day.
　　　（トイレは毎日掃除されます）

(1)でも(1')でも，新情報の焦点は文末の every day です。ライティングの練習では，正しい形を作るだけではなく，**完成した文が伝えたい中心的な情報は何か？**と考えることも大切です。もう1つ例を挙げます。

〇 (2) You can use the Internet at that café.
〇 (2') The Internet can be used at that café.
　　　（あのカフェでインターネットを使えます）
　＊どちらも自然な文。(2)は下線部のどちらか（または両方）が新情報。(2')は下線部が新情報。

○ (3) Customers can use the Internet at that café.
△(3') The Internet can be used at that café by customers.
（客はあのカフェで（は）インターネットを使えます）
＊(3')は新情報の焦点がどこにあるのかわかりづらく不自然。

　(2')と(3')を比べたとき，前者の方が自然な文だと感じられるようになることが大切です。
　②の「人称代名詞はSにしない」の理由は明白です。たとえばHe loves Mary.を受動態にするとMary is loved by him.になりますが，himは（誰を指すのかが聞き手にもわかっているので）旧情報です。したがって「byの後ろには新情報を置く」というルール（→p. 66）に反します。一般に〈**by＋人称代名詞**〉**の形はすべて不自然**だと考えてかまいません。
　③については，まず〈S＋V＋O〉だけの文の受動態の例を見てみましょう。S・Oとして〈a/the＋名詞〉を使うパターンは次の4つです。

△ (4) The man bought the car.
○ (5) The man bought a car.
△ (6) A man bought the car.
△ (7) A man bought a car.

これらのうちで，「旧情報－新情報」の自然な配列になっているのは(5)だけです。しかし，(5)を受動態にした次の文は（新情報で始まるので）不自然です。

△(5') A car was bought by the man.
　＊(6)は不自然だが，(6)を受動態にしたThe car was bought

by a man. は自然。

　このように，SVO のシンプルな文の S・O として〈a/the＋名詞〉を使うと，基本的に能動態と受動態のどちらか一方は不自然な文になってしまいます。しかし，修飾語を加えればその問題は解決します。(1)(2) の O には the がついていますが，受動態で書き換えた(1')(2') は自然な文です。

　○(1') The toilets are cleaned <u>every day</u>.
　○(2') The Internet can be used <u>at that café</u>.

　これらの文は新情報（下線部）が文末にあるので自然です。結局，SVO の文を受動態に書き換える練習問題を作る際には，次のどちらかの工夫が必要です。

　・受動態にしたとき by を使わないような S を選ぶ。
　・新情報を担う修飾語（副詞句など）を加える。

8　受動態の指導に関するその他の注意

　sell well（よく売れる）のような能動受動態はⓇ・Ⓢ・Ⓖ中に 1 件もなく，実用的にも sell well を慣用句として覚えておけば十分でしょう。次のような誤りが時に見られるので注意してください。

　(1) 和文　この本は近ごろよく売れている。
　　　英訳　○　(a) This book **is selling well** these days.
　　　　　　×　(b) This book <u>sells well</u> these days.
　　＊(b) は「いつも（習慣的に）よく売れる」の意味なので，

these days とは意味的に結びつかない。The author's books sell well. なら正しい。

最後に，**不適切な書き換え問題**の例をいくつか見ておきます。

○ (2) People speak English in Australia.
△(2') English is spoken in Australia.
　＊(2')は English を強く読めば（有標の強勢）「オーストラリアで話されるのは英語だ」という意味になる。しかしそれだと新情報が文頭に来るため，(2)の方が自然。逆に(2')で English に主強勢を置かずに Australia を強く読めば「英語が話される場所はオーストラリアだ」という意味になり，事実に反する（英語は世界中で話されている）。

○ (3) Cats catch mice.
×(3') Mice are caught by cats.
　＊(3)は問題ないが，(3')は by cats が新情報なので「ねずみを捕らえるのはネコだ」という意味になり，事実に反する（ねずみを捕らえるものは他にもたくさんいる）。同様に Milk is made into cheese. は不自然（牛乳の加工品はチーズ以外にもあるから）。Milk can be made into cheese. ならよい。

○ (4) John read this book.
△(4') This book was read by John.
　＊(4')は「他の誰でもなく John によって」という（たとえば John が有名人であるような）状況，つまり this book が John によって何らかの影響を受けた状況なら許容されるが，そうでなければ不自然。

○ (5) Lisa will help me.
△(5') I will be helped by Lisa.

＊(5)の will は推量（～だろう）の意味だが，(5')は「私はリサに手伝ってもらうつもりだ」とも解釈できる。自分の意志を表したいなら，I will get Lisa to help me. の方が誤解が生じない。
- ○ (6) Do the job right now.
- △ (6') <u>Let the job be done</u> right now.
  ＊(6')は一般には「命令文の受動態」と言われるが，(6)とは意味が違う。(6')は「その仕事をすぐに誰かにやらせなさい」と解釈される可能性が高い。また(6)は堅苦しい言い方で日常的には使われず，今日では私大入試にもまず出ない。したがって，このような形を高校生に教える必要はない。
- ○ (7) Everyone knows this song.
- ○(7') This song <u>is known to</u> everyone.
  ＊(7')は正しい文だが，「to の代わりに by を使うのは誤り」と指導するのは不適切。『オーレックス』（p. 1086）に She is known to/by everyone here. という文でどちらを使うかを約100人のネイティブに尋ねた結果が示されており，「to のみ（13％），by のみ（32％），両方（42％）」となっている。

9　受動態の指導に当たっての注意点（まとめ）

この章の説明のうち，教室での指導に当たって特に重要と思われる点をまとめてみました。

① **be 動詞に続く -ed 形には，過去分詞・形容詞の2種類がある。**
② **受動態を使った文では，基本的に文末の要素が情報の焦点になる。**
③ **〈by＋人称代名詞〉の形はすべて不自然に響く。**
④ **〈受動態＋by〉の形を否定文で使うのは避ける。**

⑤ 態の書き換え練習をする文では，冠詞（a/the）の扱いに注意する。
⑥ **必然性のない受動態は使わない**（能動態を使えるならそちらを優先する）。
⑦ **アウトプットの観点からは，利用価値の低い知識は無視してよい**（例：原形不定詞の受動態）。

「受動態の形を習得する」という学習目標が達成できたとしても，それだけでは十分ではありません。I was given a love letter by him. のような文に不自然さを感じることが，生徒にとっても教師にとっても大切です。

第4章 仮定法

―仮定法に対するよくある誤解―

　仮定法を理解するには，直説法との意味の違いを知ることが大切です。仮定法の指導では「公式」を暗記させるのが一般的ですが，それだけでは仮定法（およびifを使った文）を十分に使いこなせるようにはなりません。

> **問題**
>
> 次の文は正しいでしょうか？　イエスかノーかで答えてください。
> If they find you, they could hurt you.
> （もし彼らがあなたを見つけたら，彼らはあなたに危害を加えるかもしれません）
>
> 〈正解は p. 96〉

　この章では，まず**1**でifを使った条件文の全体像を確認します。**2**～**4**では主に中のデータの分析を通じて，仮定法のさまざまな形を見ていきます。**5**はまとめです。

　最初に，ifの後ろに続く形の件数を次ページの表4-1に示しておきます。

1　条件文の種類

　『現代英文法講義』（p. 669）では，if（もし～なら）を使った条件文が次の4種類に分類されています（以下，同書の説明とは少し

表4-1 ifの後ろに続く形の件数

	Ⓡ	Ⓢ	Ⓡ+Ⓢ	Ⓖ
直説法	69	39	108	3
仮定法過去	5	8	13	3
仮定法過去完了	1	1	2	8

＊even ifを含む。if not, if possibleなどは除く。

表現を変えています)。

[1] 叙実的条件文
・**If** it **is** raining, shut the window.
 (雨が降っているなら，窓を閉めなさい)
 ＊if節の内容が事実であることを前提とする。

[2] 予測的条件文
・**If** it **rains**, I'll stay home.
 (雨が降るなら，家にいます)
 ＊「if節の内容が実現するならば主節の内容も実現するだろう」という話し手の予測を表す。

[3A] 叙想的条件文－仮想的条件文
・**If** I **should be** free tomorrow, I will come.
 (もしも明日暇なら，来ます)
 ＊if節の内容は疑わしいが，ありうること(開放条件)として仮定されている。

[3B] 叙想的条件文－反事実的条件文

・**If** he **did** this, he would sin.

（彼がこんなことをすれば，罪を犯すことになる）

＊if 節の内容がありえないこと（却下条件）として仮定されている。

2 〈if＋直説法〉の主節では必ず will を使うか？

直説法は，**1**の［1］［2］［3A］の形で使います。文法書の例文などは「if 節では現在形，主節では will」という組み合わせが一般的です（この形は予測的条件文（**1**の［2］）に当たります）が，Ⓡ・Ⓢに含まれる〈if 節＋直説法〉の文の主節の述語動詞は表4-2のようにさまざまな形になっています。

表4-2 〈if＋直説法〉の文における主節の動詞の形

現在形	36	may/might	9	命令文	6
will	26	could	7	would	1
can	11	should	6	その他	6

＊たとえば「if 節は現在形，主節は will」の文が時制の一致により過去形になっている場合は will で集計。

これを見ると，**主節で動詞の現在形を使うケースがかなり多い**ことがわかります。

① **If** she **prefers** sports, we **have** a volleyball club, a soccer club, and even a karate club.

（もし彼女がスポーツ好きなら，私たち（の学校）にはバレーボール部，サッカー部，それに空手部まであります）［Ⓡ-15本筆］

＊叙実的条件文（**1**の［1］）の例。if 節の内容が事実であることを前提とする。

② Why not try the lotus root burgers, instead? **If** you **don't**

like them, you **don't have to pay**.
　　(代わりにレンコンバーガーはいかがですか。お気にめさなければお代はいりません）［Ⓢ -09本筆］
　　＊予測的条件文（**1**の［２］）の例。will の代わりに don't have to が使われている。

表4-2の「その他」には次のような例があります。

③ Then, **if** bilingual dictionaries **are** so useful, why **did** my aunt give me a monolingual dictionary?
　　(では，もし２か国語辞書がそれほど役に立つなら，おばはなぜ私に１か国語辞書をくれたのだろうか）［Ⓡ -09本筆］
　　＊叙実的条件文の例。if 節は現在形，主節は過去形。
④ Dad, I'm sorry **if** I **woke** you up.
　　(パパ，起こしたのならごめんなさい）［Ⓡ -16本筆］
　　＊叙実的条件文の例。③ とは逆に，if 節は過去形，主節は現在形になっている。

また上表にあるとおり，「**if 節では現在形，主節では助動詞の過去形**」というパターンがかなりあります。冒頭の問いの文はその１つです。したがって問いの正解は「**イエス**」です。同様の例も挙げておきます。

⑤ The Internet is constantly changing and growing. That means there are more dangers than before. People with bad intentions can hide their identity in order to find out about you and where you live. **If** they **find** you, they **could hurt** you.

（インターネットは絶えず変化し成長しています。それは以前よりも多くの危険があることを意味します。悪意を持つ人々が，身元を隠してあなたやあなたの住む場所について調べる可能性があります。もし彼らがあなたを見つけたら，彼らはあなたに危害を加えるかもしれません）［Ⓢ-09追筆］

＊予測的条件文の例。話し手はif節では現在形を使って「起こる可能性は十分にある［五分五分だ］」と考えている。しかし「見つけたら必ず危害を加える」とは限らないから，主節ではcouldを使って可能性を低めに見積もっている。したがってこの文は，予測的条件文（if節）と叙想的条件文（主節）を組み合わせた形と考えることもできる。

6 **If** you **are looking** for a new hobby, stamp collecting **might be** right for you!

（もし新しい趣味を探しているなら，切手収集があなたに適しているかもしれない）［Ⓡ-15本筆］

＊5と同様の言い方をするなら，叙実的条件文（if節）と叙想的条件文（主節）の組み合わせ。

7 Anna told me you often had barbecue parties in your garden in the US. **If** it's possible, you **could have** an American-style barbecue party and invite some of the students in her class. I'm sure it would be an exciting experience for them.

（米国であなたたちは庭でよくバーベキューパーティをした，とアナは私に言いました。もし可能なら，アメリカ式のバーベキューパーティを開いてクラスの生徒を何人か招待することもできるでしょう。きっと彼らにとって楽しい経験になるはずです）〈米国から日本へ転校してきた女子学生アナの担任教師が母親に送ったメール〉［Ⓡ-15本筆］

⑧ You know, actually, I don't think that building a new building would necessarily be the cheapest way. **If** the classroom size **is** the issue, why **couldn't** they just **divide** large classrooms into smaller ones while they are making repairs? **If** that**'s** possible, it **might** actually be cheaper to repair the old building.
（ええと，実のところぼくは，新しいビルを建てるのが必ずしも一番安上がりな方法だとは思いません。教室のサイズが問題なら，大教室を修理しながら小さい教室に分割すればいいのにと思います。もしそれが可能なら，古いビルを修理する方が安上がりかもしれません）［Ⓢ-12追筆］

⑨ **If** you **have** any ideas about how she can make more personal connections, I **would be** happy to hear them.
（彼女［娘］が（友人たちと）より個人的に交際できる方法についてお考えをお持ちなら，お聞かせいただけると幸いです）〈母親が娘の担任教師に送ったメール〉［Ⓡ-15本筆］

⑤〜⑨の主節で使われている助動詞は，どれも話し手の控えめな気持ちを表しています。これらの例からわかるとおり，**全体としては直説法で書かれた文の中に，助動詞の過去形が使われている**例はよく見られます。仮定法の「公式」にこだわりすぎないことが大切です。

❸ 〈if＋仮定法過去〉は「事実の反対」とは限らない

『現代英文法講義』（p. 668）には「**叙想法過去は，現在または未来の仮想条件を表す**」という説明があり，次の2つの例が挙げられています。

(1) **If I were** rich, **I would spend** all my time travelling.
（私が金持ちだったら、いつも旅行をして過ごすだろう）
(2) What **would** you **do if** you **lost** your job?
（もしも失業したら、どうするのかね）

意味から考えて、(1)は反事実的条件文（**1**の［3B］）、(2)は仮想的条件文（**1**の［3A］）です。多くの生徒は「仮定法とは(1)のような意味を表す形だ」と誤解しています。しかし実際には、(2)のような「**これから起こる可能性が（少ないけれど）ある**」という前提に立った文の方がよく使われます（相手が失業する可能性がゼロなら、(2)の質問は無意味です）。Ⓡ・Ⓢには〈if＋仮定法過去〉の形が13件含まれていますが、その多くは(2)型の文です。

⑩ For example, which way **would** you **turn** the knob **if** you **wanted** to turn the volume up on a music player? Most would say, to the right — clockwise.
（たとえば、音楽プレイヤーで音量を上げたければ、（音量の）スイッチをどちらに回しますか。ほとんどの人は右、つまり時計回りだと言うでしょう）［Ⓡ-11追筆］
＊(2)型（仮想的条件文）の典型的な文。

⑪ **If** more people **used** cars instead of bicycles in the city, for example, we **would have** more traffic jams, dirtier air, and a less healthy population. So, encouraging the use of bicycles **would make** our city a more eco-friendly place.
（たとえば、もし市内で自転車の変わりに車を使う人が増えれば、交通渋滞や大気汚染が増え、健康な人が減るでしょう。だから自転車の使用を奨励すれば、私たちの市は今よりも環境に優しい場所になるでしょう）［Ⓡ-14追筆］

＊仮定法過去が「起こる可能性を（直説法よりも）低く見積もる→起こりうることを控えめに推量する」という働きをしていると考えられる。

12 "I'd really like to buy these shoes, Dad, but I don't have enough money." "How much do you need?" "**If I had** three thousand yen more, **I could get** them."
（「私は本当にこの靴がほしいの，パパ，でもお金が足りないのよ」「どのくらい必要なんだい」「あと3千円あったら，買えるんだけれど」）［Ⓢ-14追リ］

＊反事実的条件文ではあるが，11と同様に「直説法を使うよりも遠慮がちに響く」という点を意識することが大切。

13 Let's talk about where we'**d go if** we **could take** a 3-week trip anywhere in the world.
（世界中のどこかへ3週間の旅行ができるとしたら，どこへ行くかを話し合おう）［Ⓢ-16追リ］

14 So, Reina, what **would** you **do if** we **had** five million yen to improve our school?
（じゃあ，レイナ，もしぼくたちの学校を改善するためのお金が500万円あったら，君は何をする？）［Ⓢ-16追リ］

ここまでの話に関連して，仮定法過去の指導の具体例を示します。まずリーディングの観点から，次の英文の意味を考えてみましょう。

(3) If he **practiced** hard, he **could become** a regular player.

この文には，少なくとも次の2つの意味があります。

① 熱心に練習すれば，彼は正選手になれるのに（実際はそうではない）。[反事実的条件文]
② 熱心に練習すれば，彼は正選手になれるかもしれない。[仮想的条件文]

「仮定法過去は，①だけでなく②の意味でも使える」という点を生徒に理解させることが重要です（状況によっては「もし彼が熱心に練習したのなら，正選手になれるかもしれない」[叙実的条件文]という第3の解釈も可能）。

今度はライティングの観点から考えてみます。

(4) 和文 君は熱心に練習すれば正選手になれるよ。
英訳 (a) If you **practice** hard, you **can become** a regular player.
(b) If you **practice** hard, you **could become** a regular player.
(c) If you **practiced** hard, you **could become** a regular player.

3つの文における実現する可能性の高さ（あるいは確信の度合い）は，次のようになります。

・君が熱心に練習する可能性：(a) ＝ (b) ＞ (c)
 （仮定法の方が実現の可能性を低く見積もっている）
・君が正選手になる可能性：(a) ＞ (b) ＝ (c)
 （can より could の方が意味が弱い）

したがって，「十分正選手になれる」と言いたいなら (a) を，

「可能性がある」という程度の予測なら (b) を使えばよいでしょう。(c) は「実際には君には無理だ」と誤解されるおそれがあるので避けるべきです。

4　〈if＋仮定法過去完了〉は文法問題に多い

仮定法過去完了は，反事実的条件文（**1**の［3B］）で使います。ifと組み合わせた形はⓇ・Ⓢ中に次の2件しかなく，文章や会話の中での使用頻度はあまり高くなさそうです。

⑮ "Great! Only 500 yen, and it wasn't very crowded." "I **would have gone** with you **if** I **had known** that.
（「よかったよ！　たった500円で，あまり混んでいなかったからね」「それを知っていれば私もあなたと一緒に行ったのに」）
［Ⓢ-13本リ］
＊新しい水族館へ行った男性と女性の会話。

⑯ **If** the American soldiers **had not discussed** their plans aloud, they **might have won** their battle, and the outcome of the war **would have been** quite different.
（もしそのアメリカ兵たちが自分たちの計画を声に出して話し合っていなければ，彼らは戦いに勝ったかもしれず，戦争の結果は全く違っていただろう）［Ⓡ-15本リ］

一方，p. 94で見たとおり，Ⓖには仮定法過去完了の形を問う問題が8件もあります。例を1つ挙げます。

⑰ If my parents（A）me study in Germany at that time, I **wouldn't**（B）such a good job there.
①　A : didn't let　　　B : find

② A: didn't let　　B: have found
③ A: hadn't let　　B: find
④ A: **hadn't let**　　B: **have found**〔正答〕
　（もし両親があのときドイツで勉強させてくれなかったら，私はそこでそんなにいい仕事は見つからなかっただろう）［Ⓖ-16 追筆］

　ここで，本書のテーマを再確認します。「〈if＋仮定法過去完了〉の形は入試の文法問題によく出る。だからこの形は重要だ」という発想は不合理です。民間の4技能テストで⑰のような文法問題が出る可能性は低いでしょう。またこのタイプの文はⓇ・Ⓢにも2件しかないのだから，**1**～**3**で示したさまざまなタイプの条件文を作る練習をする方が高い学習効果を期待できるはずです。早い話が，⑰の内容を英語で表現したければ，たとえば次のように言うこともできます。

(1) I thank my parents for letting me study in Germany at that time. That's why I found such a good job there.
　（私はあのときドイツで勉強させてくれたことに対して両親に感謝している。そういうわけで私はそこでそんなにいい仕事を見つけたのだ）

　同様に「君の助けがなかったら私は成功できなかっただろう」は「君の助けのおかげで私は成功できた」と言えばよく，仮定法を使う必要はありません。

5　仮定法に関するその他の学習項目
　ここまでに取り上げなかった主な学習項目の件数は，表4-3の

とおりです。

表4-3 仮定法に関するその他の表現の出現頻度

	Ⓡ	Ⓢ	Ⓖ
混合仮定法	0	0	2
I wish …★	0	3	4
as if [though] …★	3	1	3
It is time …	0	0	1
if S should …	0	0	0
if S were to …★	1	0	1
if の省略による倒置	0	0	1
if it were not for …	0	0	1
if it had not been for …	0	0	0
without（もし〜がなければ）★	1	1	2
with（もし〜があれば）	0	0	0
otherwise（さもなければ）★	1	0	1
would rather …	0	0	0
I would appreciate it if you …	0	0	2

＊混合仮定法とは，if 節中で仮定法過去完了，主節中で仮定法過去を使う形。if 節がなく助動詞の過去形が仮定の意味を含むものは第２章を参照。

　★はⓇ・Ⓢ中に出てくる項目です。これらは実用的な観点からも入試対策の観点からも重要と言えます。表中のいくつかの表現について，例と参考情報を示します。

[A] I wish＋仮定法 / I'd rather＋仮定法
　⑱ **I wish I had learned** more about Canada as well as

studied English.

(英語を勉強するのと同様にカナダについてもっと学べばよかった）[Ⓢ-12本筆]

＊Ⓡ・Ⓢ中の3例のうち1つは〈I wish＋仮定法過去〉，2つは〈I wish＋仮定法過去完了〉。

次の2つの表現は日常的によく使うので，覚えておく価値があります。

(1) "Can you come over for lunch tomorrow?" "**I wish I could, but** I have to go out."

(「明日昼食を食べに来られる？」「できれば行きたいけど，出かけなくちゃならないんだ」)

＊誘いや頼みを断るときの決まり文句。

(2) "Do you mind if I use your car next Sunday?" "**I'd rather you didn't**. I'm planning to use it then."

(「今度の日曜日に君の車を使ってもかまわない？」「できればやめてほしいわ。その日は私が使う予定だから」)

＊いやな気持ちを控えめに伝えたいときに使う表現。

[B] as if＋仮定法

⑲ Ideally, if we listen to a recorded symphony with our eyes closed, we feel **as if** we **were** in a concert hall.

(目を閉じて録音された交響曲を聞けば，まるでコンサートホールにいるかのように感じるのが理想である）[Ⓡ-14本筆]

＊Ⓡ・Ⓢ中の4例はすべて〈as if＋仮定法過去〉。as if の後ろに過去完了や直説法を置く形はなし。

as if の後ろにどんな形を使うかについては,『オーレックス』に次のアンケート結果があります。

(1) Kevin talks **as if** he **is** our boss.
　→《米》54% /《英》84%
(2) Kevin talks **as if** he **was** our boss.
　→《米》33% /《英》29%
(3) Kevin talks **as if** he **were** our boss.
　→《米》50% /《英》41%
(4) どれも使わない。→《米》15% /《英》 0 %

同辞書では「as if … 節内で1人称・3人称単数主語に were を使うのは《堅》であり,《口》では直説法が多く用いられる」とあります。この例の場合,実際にはケビンは話し手の上司ではないのに,(1)を使う人が最も多いという点に注意が必要です。なお,as if と as though の使用頻度の差について,G5では「as if の方が遥かに高い」,『ウィズダム』では「as though の頻度は as if の3分の1にも満たない」という趣旨の説明があります。また,主に《米》の口語では as if の代わりに like も(接続詞として)使います。

[C] if+S+were to / should ～

20 The astronauts are weightless and can sleep anywhere, facing in any direction. **If** they **were to sleep** in an ordinary bed as they do on Earth, their bodies would float away in the air currents and possibly knock into something.

(宇宙飛行士は無重力なので,どこでもどんな方向に向いても眠

ることができる。もし地球と同じように普通のベッドで寝るとしたら、体は浮かんで空気の流れに漂い、物にぶつかるかもしれない）[Ⓡ -15追筆]
　＊⟨if S were to …⟩ はこの1例のみ。⟨if S should …⟩ の例はなし。

　G5のbeの項（p. 180）にもあるとおり、were to は実現不可能な仮定から実現の可能性のある仮定まで幅広く表し、日常的にも使われます。一方、学校ではしばしば ⟨if＋should＝万一～なら⟩ と教えますが、日常的には **if節中で should を使うことはまれです**（G5の should の項を参照）。

　和文　万一明日雨が降ったら、試合は中止だろう。
　英訳　〇 (a) If it **rains** tomorrow, the game will be canceled.
　　　　△ (b) If it should rain tomorrow, the game will be canceled.

この例では和文は「万一」ですが、自然な英訳は (a) です。(b) は堅苦しく響くので避けるべきです。

[D] without（もし～がなければ）など

21　**Without** a dress code students **could wear** clothing that is offensive, inappropriate, distracting, or threatening.
（もし服装規定がなければ、学生は不快感を与える服や、不適切な服や、気を散らす服や、威嚇的な服を着るかもしれません）
[Ⓢ -08本筆]
　＊仮想的条件文。ほかに without と仮定法過去完了を組み合わせた例が1件。

22 There was a phone call from someone whose number you didn't recognize, so you didn't answer it. However, it was from someone inviting you to a party. You could express your regret by saying: I [could / have / joined / the party / **had** / **I**] answered the phone yesterday.
(誰の番号かわからない人から電話があったので,あなたは出なかった。しかしそれはパーティーの招待者からの電話だった。あなたは次のように言うことで後悔を表せるだろう。「きのう電話に出ていれば,パーティーに参加できたのに」)[Ⓖ-09本筆]
＊ had I answered ＝ if I had answered ということ。

ネイティブが会話の中でこのように言うことはもちろんあるでしょう。しかし,こんな文を作る力が日本人学習者にとって本当に必要でしょうか? 仮定法を使うとしても,I could have joined the party if I'd answered the phone yesterday. と言えれば十分なはずです (I should have answered the phone yesterday. Then I was able to join the party. なども可能)。

そして,22のような「if 節の省略による倒置」を問う文法問題は,センター試験のⒼには1件のみですが,私大入試では仮定法に関して最も出題頻度の高い学習項目の1つです。だから教師は,had it not been for ~(もし~がなかったら)のような形を生徒に暗記させようとします。この形は実際の使用頻度が低いわけではありませんが,会話や作文では without で代用すればよく,アウトプットの観点から言えば「覚える価値の低い知識」と言えます。

以下は参考までに。次の4つの表現を COCA で検索してみました。

・if it were not for (265) / were it not for (733)
・if it had not been for (77) / had it not been for (449)

　これを見ると，if を使わない倒置形の方がよく使われるようです。また『オーレックス』のアンケートによれば，Had I not seen it with my own eyes, I would not have believed it. という表現を「使う」と答えた人の割合は82％です。そのうち約半数が「《堅》または《文》」と答えており，「《堅》と受け取られることが多いので，特に《口》では if を省略しない If I had … の形を使うのが無難だろう」という解説がついています。ちなみに筆者が22の問いをあるネイティブ（イギリス人）に見せて「あなたはこのように言いますか？」と尋ねたところ，回答は「ノー」でした。

[E] otherwise（さもなければ）
23 When we constantly tell ourselves "I knew it all along," we start believing that we have a special ability to guess the future correctly. This, in turn, can lead us to take risks we **otherwise wouldn't**.
（「全部わかっていたことだ」と絶えず自分に言い聞かせていると，私たちは自分が未来を正確に推測する特別な能力を持っていると信じ始める。それによって，もしそうでなければ冒さないような危険を冒すかもしれない）［Ⓡ -15追筆］
＊ otherwise = if we didn't believe that … correctly ということ。

6　仮定法の指導に当たっての注意点（まとめ）
　限られた量の情報ではありますが，この章の分析に基づいて，仮定法および条件文に関連して重点的に学習すべき項目（あるいは指導者が意識しておきたいこと）をまとめると，次のようになり

ます。

① 〈**if**＋直説法〉とセットで使う主節には，さまざまな形がある。
② 〈**if**＋直説法〉とセットで使う主節中では，助動詞の過去形を使うことができる（控えめな言い方になる）。
③ 仮定法過去は，「現在の事実の反対」よりも「未来に向けての控えめな推量」を表す場合の方が多い。
④ 仮定法過去完了の使用頻度は（少なくともセンター試験程度のレベルの文章や会話の中では）比較的低い。
⑤ そのほか仮定法に関連する学習項目の中には，実用的な観点からは重要度の低いものもある。（例：**if S should ～**，**if** の省略による倒置）

第5章　不定詞
―用法を識別するための視点―

不定詞の to は前置詞の to と同じ働きを持ちます。たとえば to eat は「（これから）食べる方へ向かっている」という意味だと考えれば，不定詞のさまざまな使い方の理解の助けになるはずです。

> **問題**
> 次の文中の下線部は，３用法のどれに当たるでしょうか？
> (1) It's kind of you <u>to come</u> all this way.
> (2) Ireland is a nice place <u>to visit</u> all through the year.
> 〈正解は下記を参照〉

最初に答えを示します。本書では，**(1)(2)ともに副詞的用法**として説明します。(1)は p. 133，(2)は p. 121を参照してください。

この章での説明は次のとおりです。まず **1** で集計の方法を説明します。**2**〜**7** では，不定詞の前にある品詞ごとに意味を詳しく見ていきます。**8**・**9** では，学校で習う不定詞のさまざまな用法に沿って，どんな形がどれくらいの頻度で使われているのかを確認します。**10** はまとめです。

1　不定詞の前にある品詞による分類

最初はⓇ・Ⓢ中の不定詞をいわゆる３用法によって分類しようと試みましたが，すぐに挫折しました。判断に迷うものや，分

類することにあまり意味のないものが相当あるためです。そこで発想を変えて,「不定詞の直前の品詞」で機械的に分類してみました。結果は表5-1のとおりです。

表5-1 不定詞の直前にある品詞の分類

動詞	518	副詞	12
名詞	440	疑問詞	36
形容詞	213	その他	4
過去分詞	79	なし	23

＊be going to do, have to do は集計から除外（第2章を参照）。名詞には代名詞を含む。句動詞（例：go back）は動詞扱い。分詞形容詞（例：surprised）は形容詞扱い。副詞には副詞句の慣用表現（例：in advance）を含む。疑問詞には which course to take などの形を含む。「その他」は know better than to do など。「なし」は文（や節）の最初に置かれたもの。なお, try hard to do, be believed by A to do のような修飾語としての副詞（句）は取り外して考える。

＊「副詞」はすべて enough である。合計は「その他」を除いて1,321件（Ⓡ824：Ⓢ497）。

以下, これらを順に見ていきます。

2　〈動詞＋不定詞〉の3つのパターン

表5-2を見てください。この形は3つに分類できます。

表5-2 〈動詞＋不定詞〉のパターンの分類

		Ⓡ	Ⓢ	Ⓖ
[A] be 動詞		21	7	28
一般動詞	[B] 自動詞	64	30	94
	[C] 他動詞	218	178	396

第5章 不定詞

以下，[A] [B] [C] 順に見ていきます。

[A] be 動詞＋to *do*（28件）
「Sは〜ということだ」という意味を表す形です。**主語として使われる名詞**を調べてみました。

> ① <u>The most important thing</u> **is to clean** the tank and change the water at least once every two weeks.
> （最も大切なことは，水槽をきれいにして，少なくとも2週間に一度は水を替えることだ）［Ⓡ-14本筆］

このようにして〈S＋be動詞＋to *do*〉のSとして使われている名詞を頻度順にすべて挙げると，way(11), thing(5), idea(2), method(2), approach, dream, goal, hint, plan, reason, strategy, technique となります。これらの語の多くは「方法」「計画」などの意味を持ち，不定詞が未来志向の（これから行うという）意味を持つことと関連付けて考えることができます。使用頻度の高い **way を主語にした**形を教えるのがよいでしょう。

> ② One **way** to fight these beetles **is to spray** artificial scents on other trees.… Another **way is to burn** affected trees.
> （これらの甲虫と戦うための1つの方法は，他の木に人工的な香料を噴霧することである。…もう1つの方法は，影響を受けた木を燃やすことである）［Ⓡ-13追筆］

なお，〈be 動詞＋to *do*〉の形は予定・可能などの（助動詞に準じた）意味を表すこともありますが，Ⓡ・Ⓢ中にその例は見当たりませんでした。また be 動詞に続く不定詞が「〜すること」の

113

意味でないものは3件(仮定法のwere to do が2件, be to blame (責めを負うべきだ) が1件) ありました。

[B] 自動詞＋to do (94件)
この形の自動詞を語法の面から2種類に分け, 頻度の高い順に並べると次のようになりました。

① **後ろに不定詞を必要とする動詞** (44件)
seem (22), tend (12), appear (4), turn out (3), manage (2), happen
② **後ろに不定詞を必要としない動詞** (50件)
come (13), go (12), work (6), do (3), wait (2), act など
＊go back などの句動詞を含む。1件のみの動詞 (act 以外) は数が多いので省略。

これを見ると,〈自動詞＋to do〉の形で使う動詞はかなり偏っていることがわかります。①型では **seem** と **tend** が全体の8割以上を, ②型では **come** と **go** が全体の半分を占めています。
①型は一種の慣用句と考えることもできますが, ②型の場合はそうではありません。②型の自動詞の後ろに置かれる不定詞は, しばしば「〜するために」〈目的〉の意味を表します。

3 Throughout history, we humans have **worked to understand**, organize, and describe the world around us.
(歴史を通じて, 私たち人間は周囲の世界を理解し, 組織し, 記述するために努力してきた) [Ⓡ -14追筆]
＊②型の〈自動詞＋to do〉(50件) のうち, このように「〜するために」の意味に解釈できるものが約7割 (34件) ある (5

のような例を含む)。

一方,結果の意味を表す例や,目的・結果の両方に解釈できる例もあります。

4 Paint only **acts to slow down** the transfer of moisture to or from the wood.
(ペンキは湿気が木材の内側や外側へ移動する速度を落とす働きをするにすぎない)[Ⓡ-12本筆]
＊「目的」を主語の意志による行為と定義するなら,この文の主語は無生物だから to slow down は「目的」とは言えない。結果を表す不定詞はこれを含め2件のみ。

5 Students with questions about part-time work on campus should **call to make** an appointment to see our staff at the center.
(学内でのアルバイトについて質問のある学生は,センターの職員に電話して(面接の)予約をしてください)[Ⓡ-12本リ]
＊ call to make は「予約するために電話する」〈目的〉,「電話して予約する」〈結果〉のどちらに解釈してもよい。

このように,自動詞に続く副詞的用法の不定詞を「目的」「結果」のどちらかに分類しようとするのは,不定詞の本質を理解する上で効率的とは言えません。文法書によく載っている live to be 〜(〜まで生きる), awake to find 〜(目覚めて〜とわかる)など「結果の不定詞」の定型的な表現は,私大入試だけに必要な知識を言ってよいでしょう(Ⓒにはこの種の出題例はありません)。

不定詞は基本的に「〜する方へ向かう」という意味を持ちます。たとえば 4 の acts to slow down は「作用する＋速度を落

とす方へ向かって」、⑤の call to make an appointment は「電話をする＋予約する方へ向って」と理解すれば十分であり、「目的」か「結果」かを区別する必要はありません。go や come に続く不定詞にも同じことが言えます。

⑥ It seems that our society has become increasingly impatient and we have **come to expect** quick results.
（私たちの社会はますます短気になっており，私たちは素早い結果を期待するようになっているようだ）[Ⓡ-12追筆]
＊ come to *do* が「～するようになる」の意味を表すものは他に6件。

「⑥の come to expect は結果，come to see me（私に会いに来る）のような場合は目的」と考えることも可能ではあります。しかしどちらも〈come to *do* ＝～する方へ向かって来る〉と解釈すれば十分でしょう。もっと言えば，come to see me と come to my house の to は本質的に「～へ」という同じ意味を表すと考えることもできます。

[C] 他動詞＋(to) *do* （396件）

この形で多く使われている他動詞を頻度順に並べると，want (85)，need (68)，try (55)，would like (31)，decide (25)，begin (24)，start (18)，continue (14)，help (14)，like (11)，plan (9) などです。比率で言うと，**want/would like**，**need**，**try**，**begin/start** という4つの意味を表す動詞が全体の7割を占めているので，これらを基本形として教えるのがよいでしょう。参考までに，これらの動詞のⓇとⓈとの内訳を次ページの表5-3に示しておきます。

表5-3 不定詞が後ろに置く主な他動詞

	want	would like	need	try	begin	start
Ⓡ	43	3	29	33	19	13
Ⓢ	42	28	39	20	5	5

　Ⓡの方が⒮よりもデータの総数が多いことを考慮すれば，would like と need は書き言葉よりも話し言葉で好まれる傾向がありそうです。そのほか，いくつかの参考情報を以下に示します。

① **help**(14) の内訳は 〈help+to *do*〉(4)，〈help+*do*〉(10) です。help の後ろには原形不定詞を置く傾向が強まっていると時に言われますが，今回の集計にもそれが現れています。

② **begin/start** や **like** は後ろに不定詞も動名詞も置けます。Ⓡ・Ⓢの件数は表5-4のとおりです。

表5-4 begin などの後に来る不定詞や動名詞の出現頻度

	begin	start	like
+to *do*	24	18	11
+〜 *ing*	10	28	16

　これらの動詞の後ろでは，不定詞も動名詞もよく使われているようです。

③ **remember, forget, try, stop** について，学校では「〈+to *do*〉と〈+〜 *ing*〉とでは意味が違う」と教えます。Ⓡ・Ⓢの件数は次ページの表5-5のとおりです。

表5-5 remember などの後に来る不定詞や動名詞の出現頻度

	remember	forget	try	stop
+to *do*	2	6	55	0
+〜 *ing*	2	0	2	11

＊〈stop＋to *do*〉の stop は自動詞（0件）。

　remember 以外は，不定詞・動名詞のどちらか一方に使用が偏っています。たとえば forget は後ろに不定詞を置く形しかなく，その6件中5件は Don't forget to *do*.（忘れずに〜しなさい）の形です。不定詞と動名詞の意味の違いを説明することも必要ですが，このような頻度の高いフレーズを暗記させる方が学習効率は高いでしょう。

④〈自動詞 / 他動詞＋（to）*do*〉の形を問う問題はⓖ中に11件あります。主な動詞は happen（3），(can't) afford, come, fail, hesitate, pretend など。これらは〈＋to *do*〉の形を慣用句として覚えるのが効率的です。

3　〈名詞＋不定詞〉は形容詞的用法とは限らない

　名詞（や代名詞）の後ろに不定詞があるからといって，その不定詞が前の名詞を修飾しているとは限りません。たとえば I want <u>you to come</u>. のような例もあります。そのような見地から，Ⓡ・Ⓢ中の〈名詞＋不定詞〉を次ページの表5-6のように分類してみました。

　この表からわかるとおり，「形容詞的用法の不定詞は名詞の後ろに置かれる」という知識だけでは，〈名詞＋to *do*〉の形を正しく解釈することはできません。以下，詳しく見ていきます。

表5-6 〈名詞［代名詞］＋不定詞〉の構造の分析

	Ⓡ	Ⓢ	計
[A] 名詞＋形容詞的用法の不定詞	108	52	160
[B] 名詞＋副詞的用法の不定詞	66	31	97
[C] 意味上の主語＋不定詞	95	73	168
[D] 名詞＋名詞的用法の不定詞	8	7	15

＊to do の前に「名詞で終わる副詞句」が挿入されている場合は，その副詞句を取り外して集計。A・Bの両方の解釈が可能なものはAで集計。Cは want you to come のような形。Dは形式主語構文（例：It is a good idea to do.），take を使った時間構文（例：It takes ten minutes to do.）など。

[A] 名詞＋形容詞的用法の不定詞（160件）

学校英語では，名詞と後ろの不定詞との間に次のような関係があると説明します。

① **名詞が不定詞の意味上の主語**（「〜する○○」）
② **名詞が不定詞の意味上の目的語**（「〜するための○○」）
③ **不定詞が名詞の内容を説明する**
　→ ③ (a) **名詞が動詞・形容詞の派生語**（「〜する（という）○○」）（例：ability to do）
　　③ (b) **その他**（「〜するための○○」）（例：time to do）

Ⓡ・Ⓢ中の160件の不定詞を上の4つのグループに分類すると，次ページの表5-7のようになります。

形容詞的用法の不定詞と言うと something to eat のような②型の表現が思い浮かぶかもしれませんが，実際に最も多いのは③(b)型です。

表5-7 〈名詞＋形容詞的用法の不定詞〉の分類

①型	②型	③ (a) 型	③ (b) 型
16	27	33	84

7 OK, your point is the best **way to learn** English while we are very young is to watch English TV programs.
(よろしい。君の要点は，幼い間に英語を学ぶ最善の方法は英語のテレビ番組を見ることだということですね) [Ⓢ-12本筆]

7の to learn は way の内容を説明しています。このグループで使用頻度が高い名詞は **time** (19), **way** (18), **chance** (9), **opportunity** (9) など。この4語だけで総数 (84) の半分以上を占めています。

③ (b) 型に次いで多い③ (a) 型 (動詞・形容詞から派生した名詞＋to *do*) の例を1つ挙げます。

8 We have become very dependent on the latest technology but it is important that we do not lose our **ability to communicate** and interact with others.
(私たちは最新の科学技術に非常に依存するようになったが，他人とコミュニケーションを取り交流する能力を失わないことが大切だ) [Ⓢ-08追筆]

このグループの名詞としては **ability** (16) が総数 (33) の半分近くを占め，そのほか attempt (3), desire (3), plan (2) などの例があります。

②型 (名詞が不定詞の意味上の目的語であるもの) は 〈S＋V＋名

詞＋to *do*〉の形がほとんどであり，そのうち13件（総数の半分）は V が have です。つまり，〈**S＋have＋A＋to *do* ＝ S は～すべき A を持っている**〉という形を覚えておくべきです。

⑨ I stayed up late last night. I had a **test to study for**.
　（きのうは夜更かしした。勉強し（て準備し）なければならないテストがあったので）［Ⓢ -06追筆］

また，次の文は一応②型に分類しましたが，この不定詞は本当に形容詞的用法でしょうか？

⑩ Ireland is a **nice place to visit** all through the year.
　（アイルランドは一年中訪問するのによい場所だ）［Ⓡ -12本筆］

この文は Ireland is <u>nice</u> <u>to visit</u> all through the year. とも表現できます。その場合の to visit は，nice を修飾する副詞的用法ということになります。したがって⑩の to visit も，place ではなく nice を修飾していると考えることができます。そのことは，最後に残った①型（名詞が不定詞の意味上の主語であるもの）を見るとより鮮明になります。
　たとえば『ロイヤル英文法』に，次の例文と解説があります。
「Neil Armstrong was **the first person to set** foot on the moon.（ニール・アームストロングが，月面に最初に足を踏み入れた）　＊「～という点で」の意味で，first にかかる<u>副詞的用法</u>とする見方もある。」
　この注釈にあるとおり，上の文の to set は first を修飾する副詞的用法と考えられます。次の例も同様の説明が可能です。

121

11 She was the **last to board**, carrying a huge stuffed animal.
（彼女は大きな動物のぬいぐるみを抱えて最後に搭乗した）
[Ⓢ -10追筆]
　＊ the last ＝ the last passenger [person] と考えれば，to board は last（形容詞）を修飾する副詞的用法に近い。

　①型に分類した16件のうち12件は，不定詞の前に first・last があります。したがって①型の不定詞は，〈**the first [last] ＋A＋to** *do* ＝～した［する］最初［最後］のA〉という形を慣用句として覚えるのがよいでしょう。Ⓖにも①型の例が１つありますが，やはり first が使われています。

12 I worked very hard but [I / was still / **the very** / **last person / to**] **finish** the job.
（私はとても熱心に働いたが，それでもその仕事をまさに最後に終えた者だった）[Ⓖ -97追筆]
　＊〈the first [last] ＋A＋to *do*〉は，時制が過去形なら「～した最初［最後］のA」の意味。現在形で一般論を語る文脈では「～する最初［最後］のA」の意味。

　10〜12の不定詞を副詞的用法と考えると，Ⓡ・Ⓢ中の〈名詞＋to *do*〉のうち①型に分類できるものは４件しかありません。それらをすべて挙げておきます。

13 Around one-third of the reused water bottles studied were found to carry **enough bacteria to cause** illness.
（研究対象とされた再利用の水のボトルの約３分の１は，病気を引き起こすのに十分な細菌を持つことがわかった）[Ⓡ -06追筆]

＊to cause は enough を修飾する副詞的用法という解釈も可能。

⑭ Most people feel anxious if they have **nothing to distract** their minds while waiting.
（ほとんどの人々は，待っている間に気を紛らすものを何も持っていなければ不安に感じる）［Ⓡ-12追筆］

⑮ And isn't there **a case to be made** in defense of journalists who are partial?
（そして偏向したジャーナリストを守るためになされる論証はありませんか）［Ⓡ-16追筆］

⑯ He always thinks he should be **the one to call** the shots whenever we do anything like this.
（私たちが何かこのようなことをするときは常に，彼は自分が采配を振るう人であるべきだと考える）［R-13本筆］

　不定詞が持つ「これから～する」という未来志向の意味は，形容詞的用法にも当てはまります。たとえば something to eat は「これから食べるための何か」というニュアンスであり，⑭～⑯の不定詞も同様です。一方 the first [last] person to *do* のような形の不定詞には，⑪・⑫のように「既に終わったこと」を指す場合もあります。

[B] 名詞＋副詞的用法の不定詞（97件）
　名詞の後ろに副詞的用法の不定詞が置かれているケースはよくあります。基本形は〈V＋名詞［O］＋to *do* ＝～するために O を V する〉です。
　この形の不定詞はしばしば「前の名詞を修飾する形容詞的用法」とも解釈できます。

123

17 For example, many electrical goods have a small **light to indicate** that the power is on, while most CD players have a **screen to show** which track is playing.
(たとえば，多くの電気製品には電源が入っていることを示すために［ための］小さなライトがあり，一方ほとんどの CD プレイヤーには，どのトラックがかかっているかを示すために［ための］画面がある）［Ⓡ-11本筆］
＊2つの不定詞は「目的を表す副詞的用法」「前の名詞を修飾する形容詞的用法」のどちらの解釈も可能。

1つ付記しておくと，「～するためのA」は〈A＋不定詞〉〈A＋for＋動名詞〉のどちらの形でも表せる場合があります。

(1) 和文　私は留学するためのお金をためている。
　　英訳　〇 (a) I'm saving money **to study** abroad.
　　　　　〇 (b) I'm saving money **for studying** abroad.
＊(a) の to study は「学ぶために」「学ぶための（お金）」の両方の解釈が可能。後者の意味なら (b) のように for studying で言い換えられる。

一方「～するために」は副詞的用法の不定詞で表すのが基本であり，〈for＋動名詞〉は使えません。

(2) 和文　私は留学するために熱心に勉強している。
　　英訳　〇 (a) I'm working hard **to study** abroad.
　　　　　× (b) I'm working hard <u>for studying</u> abroad.
＊(a) の to study は「学ぶために」の意味にしか解釈できないから，for studying は使えない。

[C] 意味上の主語＋不定詞（165件）

この項の説明を再確認しておきます。〈V＋名詞＋(to) *do*〉という形には，主に次の3つの可能性があります（第4のケースは [D] を参照）。

① to *do* が前の名詞を修飾する。
② to *do* が「～するために」の意味を表す。
③ 名詞が (to) *do* の意味上の主語である。

ここでは③のタイプ，つまり want you to come のような形を取り上げます。この形は SVOC 型と SVOO 型に分けられます。I want you to come. は前者，Tell him to come. [=Tell him that he should come.] は後者の例です。ただし学習者にとってはそのような分類はあまり意味がないでしょうから，ここでは「名詞が後ろの不定詞の意味上の主語であるもの」を全部同じグループに入れました。

これらは次ページの表5-8の2つのグループに分類できます。
それぞれの例を1つずつ挙げます。

⑱ Garstang, near Lancaster in England, is a town which **encourages stores to sell** "Fairtrade" goods.
（イングランドのランカスター付近にあるガースタングは，商店に「フェアトレード」の品を売るよう奨励している町である）
[Ⓡ -09本筆]

⑲ **Let me look** it up in the database first to see if we have it.
（まず当店にそれがあるかどうかを確かめるために，データベースで調べさせてください）[Ⓢ -12本リ]

表5-8 〈V+O+(to) do〉の出現頻度

	Ⓡ	Ⓢ	計
① V+O+to do	57	37	94
② V+O+do	38	36	74

＊①型には V+O+to be C の形（4件）を含む。不定詞の前に〈for/of＋名詞〉がある形は除く。

　①型の動詞は，頻度順に **allow**（16），**ask**（12），**encourage/tell/want**（9）など。一方②型の動詞は **help**（29），**let**（29），**make**（12），**see**（3），**have** の5語です。補足情報を以下にまとめておきます。

◆ help の後ろの形は表5-9のとおりです。

表5-9 〈help+O+(to) do〉の出現頻度

	Ⓡ	Ⓢ	計
[A] help+O+to do	4	0	4
[B] help+O+do	14	15	29

　〈help+(to) do〉の場合と同様に（→ p. 117），〈help+O〉の後ろでも原形不定詞を使う例が圧倒的に多いことがわかります。to つきの不定詞を置いた例はⓇ中の4件のみです。**help の後ろの動詞には to をつけない方が普通**と考えてよいでしょう。

◆ 〈let+O+do〉の29件中，15件は〈let me do〉の形です（Ⓡ4：Ⓢ11）。「**Let me ～ ＝ 私に～させてください**」というフレーズを基本形として覚えておくのがよいでしょう。

◆ 〈want/would like+O+to do〉の形は13件で，そのうち12件

は⑤にあります。これらの表現は話し言葉で使われるのが普通だと言えそうです。
◆ ⑥中には，①型が10件，②型が7件あります（内訳は①型が allow (4), advise, ask, expect, get, tell, want, ②型が let (4), see (2), make）。

なお，このタイプの動詞の一部は〈be allowed to *do*〉のような受動態でもよく使われます。これについてはp. 134以下で説明します。

[D] 名詞＋名詞的用法の不定詞（15件）
　この形は，形式主語構文（5件）とtake/costを使った構文（10件）とに分けられます。それぞれの例を1つずつ挙げます。

20 In any event, it is always **a good idea to have** a manual can opener in your kitchen.
（いずれにせよ，手動の缶切りを台所に持っておくのはいつでもよい考えだ）［Ⓡ-14追筆］
　＊ it is a good idea to *do* がもう1件。残る3件は it is a common practice [a mistake, up to you] to *do*。

21 It was crowded, so it took me **a long time to get** there.
（混雑していたので，私はそこに着くのに長時間かかった）［Ⓡ-11追筆］
　＊ it takes 型が9件, it costs 型が1件。これらのitは形式主語（to *do* は名詞的用法）と考えることが可能。なお，⑥中にはit costs型が1件ある。

takeの語法に関して，G5のtakeの項に「彼はその小説を書く

のに2年かかった」が次の5通りの英文で表現できるという説明があります。

(1) The novel took him two years to write.
(2) He took two years to write the novel.
(3) It took two years for him to write the novel.
(4) It took him two years to write the novel.
(5) Writing [To write] the novel took him two years.

(5)に対しては、「動名詞は事実を表すため、ここでは writing の方が好まれる」という注釈があります。42も参照してください。

4 〈形容詞＋不定詞〉のさまざまな意味

便宜上、表5-10の6つのタイプに分類しました。

表5-10 〈形容詞＋不定詞〉のパターンの分類

不定詞の働き	種類	Ⓡ	Ⓢ	計
[A] 名詞的	[A1] 形式主語構文	47	36	83
	[A2] 形式目的語構文	9	2	11
[B] 副詞的	[B1] 慣用表現	45	23	68
	[B2] tough 構文	15	3	18
	[B3] 感情の原因	13	9	22
	[B4] その他	6	5	11

＊[B1] の慣用表現は、be able to do など。

以下、具体例を見ていきます。

[A1 / A2] 形式主語 / 形式目的語構文（94件）

この形は表5-11のように分類できます。

表5-11 形式主語，形式目的語構文の分類

種類	意味上の主語	Ⓡ	Ⓢ	計
[A1] 形式主語構文	①あり	34	31	65
	②なし	13	5	18
[A2] 形式目的語構文	③あり	5	2	7
	④なし	4	0	4

この結果から，形式主語構文は意味上の主語を置かない形が優勢と言えます。また形式目的語構文（11件中9件がⓇ）は書き言葉で好まれる傾向がありそうです（p.142も参照）。

形式主語構文で多く使われている形容詞は，頻度順に **important**（12），**difficult**（9）/**hard**（8），better（6），easy/possible（各5），best（4）など。形式目的語構文で使われている動詞は **find**（6）と **make**（5）のみで，〈find/make＋it＋形容詞＋to *do*〉の形容詞は difficult（4），easy（3），hard，necessary，possible という結果でした。上表の①〜④の例を1つずつ挙げておきます。

㉒ I think **it's important to have** a friend you can count on when you're in trouble.
（困ったときに頼れる友人を持つことが大切だと私は思う）
[Ⓢ -09本筆]
＊会話ではしばしば短縮形の it's を使う。

㉓ I think **it would be better for her to develop** a group of

good friends as soon as possible.
（彼女はできるだけ早く親しい友人のグループを作る方がよいと私は思う）[Ⓡ-15本筆]
　＊it is better/best to *do* の形では，動詞を would/may be にしたり probably/maybe などの副詞を加えたりして意味を和らげることも多い。

24 I usually avoid foreign language movies as I **find it difficult to read** the subtitles and pay attention to the scenes at the same time.
（字幕を読むと同時に画面に注意を払うのが難しい（と感じる）ので，私はふだんは外国語の映画を避けている）[Ⓡ-13本筆]
　＊この文の find は to have a particular feeling or opinion about something (*OALD*) の意味。日本語に直すと「感じる，思う」に近い。

25 In these settings, music may be partly lost in background noise, **making it hard for the listener to concentrate** on it.
（こうした環境では，音楽は背景の騒音で一部が失われる［聞こえない］ことがあり，それによって聞く人は音楽に集中するのが難しくなる）[Ⓡ-14本筆]
　＊making は「そして（それと同時に）〜する」の意味の分詞構文。

[B1] 慣用表現（68件）

　たとえば be able to *do* の不定詞は文法的には副詞的用法ですが，慣用句として覚える方が効率的です。Ⓡ・Ⓢ中にあるその種の表現のうち，**able** が半数以上（37）を占めています。その他の形容詞を頻度順に並べると，**likely**（11），ready（5），willing（4），about（3），afraid（2），free（2），unable（2），anxious，eager

となっています。例を1つ挙げます。

㉖ Research shows that the older people become, the **less likely** they are **to delay** doing their work until the last minute.
(研究によれば，人々は年をとればとるほど，仕事をするのをぎりぎりまで引き延ばす可能性が低くなる）［Ⓡ-12本筆］
＊ likely は比較表現と組み合わせることが多く，11件中7件は more/less likely の形で使われている。

[B2] tough 構文（18件）

This phone is easy to use.（この電話は使いやすい）のような形です。〈S＋be 動詞＋形容詞＋to *do.*〉のSが文末の動詞（または前置詞）の目的語の働きを兼ねており，形式主語構文（It is easy to use this phone.）で言い換えることができます。

この形をとる主な形容詞として，たとえば『ロイヤル英文法』には convenient, dangerous, difficult, easy, hard, impossible, nice, pleasant, tough, unpleasant が挙げられており，「important, necessary, possible などはこの形では使えない」と説明されています。

Ⓡ・Ⓢ中で tough 構文として集計した18件中，15件は上記のリストにあるうちの comfortable, difficult, hard, easy の4語でした。次ページの表5-12を見てください。形式主語構文の使用頻度と比較すると，どちらの形が好まれるかは形容詞によって異なるようです。

[B3] 感情の原因（22件）

I'm sorry to hear that.（それはお気の毒に）のような形です。

表5-12 主な形容詞が tough 構文と形式主語構文のどちらで使われるかの比較

	tough 構文	形式主語構文
comfortable	4	0
difficult/hard	3	17
easy	8	5

多く使われていた形容詞は，happy（6），surprised（5）など。この種の表現では，不定詞が「いつの時点のこと」を表すかに注意が必要です。

27 If you have any ideas about how she can make more personal connections, I would be **happy to hear** them.
(彼女がどのようにすれば今よりも個人的な関係を築けるかについて何かお考えをお持ちなら，お聞かせいただけると幸いです)
[Ⓡ -15本筆]
＊この文の to hear は「これから行うこと」を意味する（不定詞の一般的な使い方）。

28 Last month when I visited her, I was **surprised to see** her doing everything by herself.
(先月彼女を訪ねたとき，彼女が何でも一人でやっているのを見て私は驚いた)[Ⓢ -11追筆]
＊見て驚いたのだから，to see は「既に終わっていること」を意味する（不定詞の一般的な使い方とは異なる）。

『現代英文法講義』（p. 212）では，感情を表す形容詞に続く不

定詞について「未来志向的ではなく,『過去の事件』を指している点に注意」という説明があります。I'm happy [glad] to see you.（お会いできてうれしいです）のような不定詞はその意味ですが, 27のように未来志向的な使い方もできます。

[B4] その他（11件）
　ここまでの話をおさらいします。〈形容詞＋to *do*〉の形で使われている不定詞（213件）は, 名詞的用法（94件＝44%）と副詞的用法（119件＝56%）に大別されます。後者には慣用表現（68）, tough 構文（18）, 感情の原因（22）が含まれ,〈形容詞＋to *do*〉がその他の意味で使われている例はわずか11件です（〈形容詞＋enough to *do*〉の形は除く）。この11件の不定詞は「目的」「程度」「判断の根拠」を表すものです。学校では他の意味と同列に扱われることの多い「判断の根拠」の例は, 31の1件のみでした。

29 However, studying can provide them with rewards in the future like the knowledge or skills **necessary to pursue their dreams**.
　（しかし勉強することは, 自分の夢を追求するのに必要な知識や技術などの将来の報酬を彼らに与えうる）［Ⓡ-12本筆］
　＊〈be＋形容詞＋to *do*〉が「～するために…である」〈目的〉の意味を表す例。全部で7件あり, 内訳は necessary（3）, careful（3）, essential である。

30 By fourth period, I was usually **too exhausted to concentrate**, and I ended up failing two afternoon classes.
　（私は4時間目までにたいてい疲れきって集中できなくなり, 結局午後の2つの授業に落第した）［Ⓡ-13追筆］
　＊〈too＋形容詞＋to *do*〉の形はこの文を含め2件。

③ "Everybody knows you really worked hard this year." "**It's kind of you to say** so."
(「あなたが今年本当にがんばったことはみんなが知っているわ」「そう言ってくれて(ご親切に)ありがとう」)[Ⓢ-15追筆]
 * to say は判断の根拠を表す副詞的用法(You are kind to say so. と言い換えられる)。

5 〈過去分詞＋不定詞〉のさまざまな意味

便宜上，4つのタイプに分類しました。表5-13を見てください。第3章でも見たとおり，受動態は書き言葉に多い表現形式であることがわかります。

表5-13 〈過去分詞＋to *do*〉の分類

	Ⓡ	Ⓢ	計
[A] 〈V＋O＋to *do*〉を受動態にしたもの	19	5	24
[B] 〈S＋be said＋to *do*〉型の表現	13	2	15
[C] 不定詞が副詞の働きをするもの	26	3	29
[D] be supposed to *do*	4	7	11
計	62	17	79

[A] 〈V＋O＋to *do*〉を受動態にしたもの(24件)
次のような形がこれに当たります。

㉜ Each month, committee members are **asked to choose** a number of strong candidates, and in the autumn, seven books are officially selected.
(毎月，委員会の会員たちはいくつかの強力な候補を選ぶよう求

められ，秋には7冊の本が正式に選定される）[Ⓡ-14追筆]
＊〈ask＋O＋to *do*〉のOを主語にした受動態。

主な動詞について，能動態と受動態の件数を比べると表5-14のようになります。

表5-14 〈V＋O＋to *do*〉の能動態と受動態の出現頻度

	V＋O＋to *do*	be＋過去分詞＋to *do*
allow	16	4
ask	12	3
expect	1	4
find	3	2
invite	2	3
require	0	3
tell	9	0

合算すると，これらの形で最もよく使われていた動詞は**allow**，次いで**ask**でした。なお，Ⓖ中には〈be permitted/warned to *do*〉の2件があります。

[B]〈S＋be said＋to *do*〉型の表現（15件）
形式主語のitを使って言い換えられる，次のような形がこれに当たります。

㉝ Often Japan **is said to be** in the Far East, and on maps made in Europe this is true, as Europe is shown in the center.

(日本は極東にあるとよく言われるが，ヨーロッパで作られた地図では，ヨーロッパが中央に示されているのでそれは正しい)
[Ⓡ-09追筆]
*この文は It is often said that Japan is in the Far East, …と同じ意味。15件の内訳は，be said (7)，be believed (4)，be thought (3)，be considered。なお，Ⓖ中には be believed/expected の2件がある。

[C] 不定詞が副詞の働きをするもの（29件）
この形で使われる不定詞は，すべて「～するために」〈目的〉の意味です。つまり，〈**S＋be 動詞＋過去分詞＋to** *do* **＝ S は～するために…される**〉と覚えることができます。

34 In Japan, rice is **used to make** vinegar, which is a necessary ingredient in making some traditional Japanese dishes.
(日本では米は，いくつかの伝統的な日本料理を作るために必要な材料である酢を作るために使われる) [Ⓡ-10本筆]
* to make は「作るために」〈目的〉の意味。

この形で最も多かった過去分詞は **used** (14) で，全体 (29) の約半数を占めています。したがって，「**be used to** *do* **＝～するために使われる**」という形は覚える価値があります。

[D] be supposed to *do*（11件）
広い意味では A 型ですが，別に集計しました。

35 Aren't we **supposed to turn in** our assignments today?

第5章　不定詞

(私たちは課題を今日提出することになっていますか [提出しなければなりませんか]) [Ⓢ-13本リ]

＊Ⓡ4：Ⓢ7という件数からもわかるとおり，会話でよく使われる表現。

6　enough to *do* と〈疑問詞＋to *do*〉

[A] enough＋to *do*（18件）

enough と不定詞が結びつく形を4つのタイプに分けてⓇ・Ⓢ中の頻度を集計すると，次のようになりました。

① 形容詞＋enough to *do*（9）
② enough＋名詞＋to *do*（6）
③ 副詞＋enough to *do*（2）
④ enough＋to *do*（1）

④ は enough（十分に）が前の動詞を修飾するもの。②は **3**（名詞＋to *do*）の集計対象のため p. 112の12件には含まれません。①～④の to *do* はすべて「程度を表す副詞的用法」と考えることができます。

①と④の例を1つずつ挙げておきます。

㊱ The chair he invented was probably the first one to be both attractive and inexpensive **enough** for anyone **to buy**.
（おそらく彼が発明したいすは，魅力的であり誰でも買えるほど安価でもある最初のいすだった）[Ⓡ-11追筆]

＊〈enough for A to *do*〉の形はこの例を含め2件。

㊲ However, the trip is only possible for a few weeks a year when the frozen ocean melts **enough to allow** expedition ships through.

(しかしこの旅は，1年のうち数週間，探検用船舶が通れる程度に凍った海が解ける間だけ可能です)［Ⓡ-11本リ］

なお，Ⓖ中には〈形容詞＋enough to *do*〉の形が2件あります。

[B] 疑問詞＋to *do*（36件）

Ⓡ・Ⓢ中でどんな疑問詞がよく使われているかを頻度順に見ると，**how**（25），what（5），where（4），whether，which という結果でした。

38 In fact, we probably know **how to use** the Internet better than most adults, since we grew up with it.

(実際に，私たちはインターネットとともに育ったので，たぶんその使い方をほとんどの大人よりもよく知っています)［Ⓢ-09 追筆］

* how で始まる形（25件）のうち，how to use が7件，how to get が3件。

39 We had never cooked a lobster before, so we didn't know **what to do**.

(私たちはそれ以前にロブスターを一度も料理したことがなかったので，どうしたらよいかわからなかった)［Ⓡ-16本リ］

* what で始まる形（5件）のうち，what to do が4件（うち3件は know what to do）。

なお，Ⓖ中には how to *do* の形が1件あります。

7 文頭の不定詞は「～するために」の意味

　文や節の最初に不定詞が置かれている例は23件あり，そのうち21件は「～するために」〈目的〉の意味を表す副詞的用法の不定詞です。例を2つ挙げます。

⑷⓪ Well, firstly I want to say that **to become** a journalist, you need to enjoy both reading and writing.
（そうですね，まず，ジャーナリストになるためには読むことも書くこと楽しむ必要があると言いたいです）[Ⓡ-16追筆]
＊従属節の最初に目的を表す不定詞を置いた例。

⑷① **In order for books to receive** the Caldecott Medal, they have to meet some standards.
（本がコールデコット賞を受けるためには，いくつかの基準を満たさねばならない）[Ⓡ-14追リ]
＊文頭に in order to を置いた形はこの文を含め3件。文頭の目的を表す不定詞に意味上の主語（for A）を加えた形はこの文を含め3件。

　例外の2件のうち1件は独立不定詞（to be honest）ですが，もう1件は次の文です。

⑷② After tomorrow, I would be back in civilization. I knew it would take a while to become comfortable again with all its conveniences at my fingertips. For the past six months, just **to be** able to do laundry or eat fresh vegetables at a salad bar had been a treat.
（明日が終われば文明に戻るだろう。再び便利なものがすべて手元にあって気楽に感じられるにはしばらく時間がかかるだろうと

わかっていた。過去6か月の間，洗濯してサラダバーで新鮮な野菜を食べることができる（ようになる）ことだけが慰めだった）
[Ⓡ-16追筆]
 *仕事を辞めて長い一人旅を続けた人物が書いた随筆の一節。不定詞が未来の具体的行為を表している。

42のto be は名詞的用法ですが，これは例外と言ってよいでしょう。多くの文法書に書かれているとおり，今日では「〜すること」の意味の不定詞を文の最初に置くことはまずありません。

 和文 英語を勉強することは大切だ。
 英訳 ○ (a) It is important **to study** English.
     △ (b) To study English is important.
  *(b) は間違いではないが実際にはあまり使わない。Studying English is important. なら問題ない。

したがって，**文頭の不定詞は「〜するために」の意味を表す**と覚えておけば実用上は困らないでしょう。

8　不定詞の3用法の頻度は？

これまでに見てきた不定詞のうち，3用法のどれかに明確に分類できるものだけを抽出して集計してみました。参考としてⒼ中の件数も入れています。次ページの表5-15を見てください。
　この表から次のようなことが読み取れます。

① 形式主語構文はよく使われる。
② 形式目的語構文は文法問題で好まれるが，実際の使用頻度は高くない。

表5-15 3用法の分類に基づく出現頻度

用法		動詞＋ (to) *do*	名詞＋ (to) *do*	形容詞 ＋to *do*	過去分詞 ＋to *do*	Ⓖ
名詞的 用法	形式主語	0	15	83	0	2
	形式目的語	0	0	11	0	7
形容詞 的用法	名詞＝意味上 の主語	0	18	0	0	1
	名詞＝意味上 の目的語	0	27	0	0	1
	不定詞が名詞 の内容を説明	0	117	0	0	3
副詞的 用法	目的	34	97	7	29	2
	結果	2	0	0	0	0
	程度	0	6	11	0	3
	感情の原因	0	0	22	0	2
	判断の根拠	0	0	1	0	1
	tough構文	0	0	18	0	2
	その他	0	20	0	0	0

＊〈形容詞＋名詞＋to *do*〉の形で不定詞が形容詞の方を修飾していると考えられるもの（例：first person to arrive）は副詞的用法（その他）として集計。副詞的用法と形容詞的用法のどちらにも解釈できるものは前者に入れる。副詞的用法で目的・結果のどちらの意味にも解釈できるものは前者に入れる。3用法のどれに分類するか明確でないもの（例：tend to *do*, ask him to *do*, how to *do*）、件数がごくわずかのもの（例：carefully enough to *do*）は集計から除外。

＊Ⓖの副詞的用法のうち、目的（2件）は in order to *do* と so as to *do* で、程度（3件）は enough to *do*⑵、so ～ as to *do*）。判断の根拠（1件）は think it careless of A to *do* の形を問うもの（形式目的語としてもカウント）。

③ 形容詞的用法の不定詞は，不定詞が前の名詞の内容を説明するものが圧倒的に多い。(例：way to *do*)
④ 副詞的用法の不定詞は，目的（〜するために）を表すものが圧倒的に多い。この意味の不定詞はさまざまな品詞の後ろで使われる。
⑤ 副詞的用法の不定詞が〈結果〉〈判断の根拠〉を表す例はほとんどない。

9 さまざまな形の不定詞の頻度

ここまでは不定詞の機能を中心に分析してきました。今度は形の面から見ていきます。

[A] 不定詞の意味上の主語（8件）

ここでは，〈for/of A to *do*〉の形を取り上げます（want you to come などは p. 125を参照）。主な形をまとめると表5-16のようになります。

表5-16 不定詞の意味上の主語の分類

形	Ⓡ・Ⓢ	Ⓖ
① It is＋名詞/形容詞＋for A＋to *do*.	18	2
② It is＋性格形容詞＋of A＋to *do*.	1	1
③ S＋V＋it＋形容詞＋for/of A＋to *do*.	4	1
④ 名詞＋for A＋to *do*	11	0
⑤ 形容詞/副詞＋for A＋to *do*	11	0
計	45	4

＊①③は名詞的用法，④は形容詞的用法，②⑤は副詞的用法の不定詞。⑤は tough 構文および enough money to buy a car のような形を含む。文頭の〈(in order) for A to *do*〉は省略。

①②③⑤の例は，それぞれ㉓・㉛・㉕・㊱を参照してください。④の例も挙げておきます。

㊸ Dance is not just an artistic expression but **a way for groups to strengthen** their shared identity.
（踊りは単なる芸術表現ではなく，集団が共有された自己認識を強化するための方法でもある）［Ⓡ-13本筆］
＊11件中，way for A to *do* の形が5件。

[B] 否定形の不定詞（19件）
前の形と用法で分類すると表5-17のようになります。

表5-17 否定形の不定詞の分類

形	Ⓡ・Ⓢ	Ⓖ
① V(+O)+not to *do*	7	2
② It is＋形容詞＋not to *do*.	4	0
③ 名詞＋not to *do*	1	0
④ care/carefulと結びつけた形	3	0
⑤ in order [so as] not to *do*	0	2

＊②は形式主語構文，③は形容詞的用法，④⑤は副詞的用法。上記のほか，never を使ったものが⑤に1件（… video games help you learn <u>to never give up</u>.）。

①～⑤の例を順に1つずつ挙げます。

㊹ Jessica, **I told you not to play** computer games on weekdays.
（ジェシカ，週末にコンピュータゲームをしないようにあなたに

143

言ったでしょ）[Ⓢ-14追リ]

*他の6件で使われている動詞は，decide (2), advise, ask, tell, try。

㊺ Anyway, maybe **it's best not to plan** everything.
（とにかく，全部の計画を立てないことがたぶん最善だよ）[Ⓡ-13本筆]

*他の3件で使われている形容詞は，best, dangerous, important。

㊻ Well, now that the weather is better, you have no **excuse not to walk**!
（じゃあ，もう天気がよくなったのだから，散歩をしないための言い訳はできないね）[Ⓡ-07本筆]

* not to walk が excuse を修飾する。形容詞的用法はこの1件のみ。

㊼ **Care must be taken** to control the temperature of the wax and **not to make** a mistake in the design.
（ロウの温度を管理してデザインを間違えないよう注意しなければならない）[Ⓡ-11本筆]

*他の2件は be careful not to *do* の形で使われている。

㊽ When hunting, a snake is very careful [to advance / with a minimum / of movement / **so as not** / **to attract**] the attention of its victim.
（狩りをするとき，ヘビは獲物の注意を引かないように，非常に注意深く最小限の動きで前進する）[Ⓖ-94本筆]

*Ⓖ中の他の3件は in order not to *do*, warn O not to *do*, tell O not to（代不定詞）。

なお，take care や be careful の後ろでは㊼のように「〜しな

いために＝ not to *do*」ですが，一般には「～しないため［よう］に」の意味を **not to *do*** で表すことはできません。

> 和文 失敗しないよう熱心に勉強しなさい。
> 英訳 × (a) Study hard <u>not to fail</u>.
> 　　 ○ (b) Study hard **in order not to** fail.
> 　　 ○ (c) Study hard **so that** you **won't** fail.

[C] 受動態の不定詞（21件）

内訳は表5-18のとおりです。

表5-18 受動態の不定詞の分類

形	Ⓡ・Ⓢ	Ⓖ
① 他動詞＋to be 過去分詞	10	0
② 自動詞＋to be 過去分詞	3	0
③ V＋O＋to be 過去分詞	2	0
④ 名詞＋to be 過去分詞	1	2
⑤ その他	3	0

①～⑤の例を1つずつ挙げます。

49 The bread **needs to be cut**, and the wine's not open.
　（パンを切る必要があるし，ワインが開いていないわ）［Ⓢ-11本リ］
　＊10件中6件は〈need to be 過去分詞〉。他の4件の動詞は want (2), aim, continue。

50 These countries **came to be known** as the Group of Eight

145

(G8).
(これらの国々は(主要)8カ国グループ(G8)として知られるようになった)[Ⓡ-10追筆]

＊他の2件の動詞は come, wait.

51 Peter **ordered the food to be delivered** for the party.
(ピーターはパーティー用に料理が配達されるよう注文した)[Ⓢ-16追リ]

＊他の1件は〈want for O to be 過去分詞〉。

52 It was a quiet night, and [the only / **sound** / **to be** / **heard**] was a dog barking in the distance.
(静かな夜で,聞こえる唯一の音は遠くで犬が吠える声だけだった)[Ⓖ-00本筆]

＊Ⓖ中の他の1件は the question to be discussed の形。Ⓡ中の1件は15を参照。

53 **For research to be accepted** as valid, it must not only be thorough, but also objective and accurate.
(研究が有効と認められるためには,綿密であるだけでなく客観的かつ正確でなければならない)[Ⓡ-15本筆]

＊他の2件は〈be said to be 過去分詞〉,〈in order to be 過去分詞〉。

[D] 完了形の不定詞(8件)

8件中7件は〈動詞＋to have 過去分詞〉の形です。内訳は次ページの表5-19のとおりです。

54 Turmeric **is said to have been used** in India for at least 2,500 years, probably first as a dye.
(ターメリックは,おそらく最初は染料として,少なくとも2,500

表5-19 完了形の不定詞の分類

形	Ⓡ・Ⓢ	Ⓖ
be said＋to have 過去分詞	3	0
be believed＋to have 過去分詞	1	1
seem＋to have 過去分詞	2	0
その他（→55）	1	1
計	6	2

年前からインドで使われていると言われている）〔Ⓡ-12追筆〕

55 The puppy at the rescue center looked happy **to have been** (　　) by the little girl.

① choice　② choose　③ chose　④ **chosen**〔正答〕

（救護センターの子犬は，その少女に選ばれてうれしそうだった）
〔Ⓖ-10本筆〕

＊27・28で説明したとおり，感情の原因を表す不定詞は「これから行うこと」「既に行ったこと」の両方に解釈しうるので，後者の意味であることを明らかにするために完了形の不定詞を使っている。

[E] 代不定詞（4件）

56 You go ahead if you want **to**, but I'll skip it.

（行きたければ行って，でも私はやめておくわ）〔Ⓢ-06追筆〕

＊2人が遊園地で列に並ぼうとしている状況。他の2件の動詞は want, try。

57 The boy opened the window, although his mother told him (　　).

① don't do ② not do it ③ **not to**〔正答〕 ④ to not
（母親は開けないよう言ったが，その少年は窓を開けた）［Ⓖ-91本筆］

[F] その他
　他の分野と同様に，Ⓡ・Ⓢにはなく Ⓖ にだけあるものには，次のような表現があります。

- All S have to do is (to) *do*. （S は〜しさえすればよい）
- have no choice but to *do* （〜せざるを得ない）(2)
- …, only to *do* （…したが結局〜）
- so as to *do* （〜するために）
- so 〜 as to *do* （…できるほど〜）

　これらは日常的にはもっとシンプルな表現で代用することが多いでしょう。大学入試の文法問題ではこのような丸暗記型の表現を出題する傾向が強く見られます。私大を含めて民間の4技能テストの利用が主流になれば，「文法問題対策」の必要性が薄れ，受験生の負担はかなり減ると予想されます。

⑩　不定詞の指導に当たっての注意点（まとめ）
　学習者にとって不定詞の理解が難しいのは，文中に〈to＋動詞の原形〉が出てきた際に，さまざまな解釈の可能性があるからです。したがって，「文法の授業で基本形を学ぶ→それを読解に応用する」という演繹的な学習法ではカバーしきれない面があります。この章の前半で不定詞の前に置かれた品詞をベースに分析したのは，いわば帰納的に（実例を通じて）不定詞の意味を理解する手がかりを提供するためです。

第 5 章　不定詞

　そのまとめの1つとして，**8**の一覧表（p. 141）を作りました。この表でたとえば〈形容詞 / 過去分詞＋to *do*〉の欄を縦に見ていくと，これらの形にはさまざまな意味があることがわかります。しかし英文を読むことに慣れるにつれて，文脈とは無関係に次のようなフレーズの解釈ができるようになります。

- able to read → 読むことができる
- easy to read → 読みやすい
- important to read → 読むことが大切だ
- surprised to read → 読んで驚いた
- used to read → 読むために使われる

　こうした力をつけるための学習を進める上で，この章の資料を利用していただけると幸いです。

第6章 -ing 形と -ed 形
―分詞と形容詞の境界線―

　たとえば coming には動名詞・現在分詞・形容詞の3つの使い方があるので，文中での働きを個別に判断する必要があります。その観点から，これらを総称して -ing 形と呼ぶことにします。同様に過去分詞と「過去分詞から派生した形容詞」をまとめて，-ed 形と仮称します。

> **問題**
>
> 次の文の下線部を，waiting people と言うことはできるでしょうか？
> One of the ways to improve the waiting experience is to give clear information to <u>people waiting</u>.
> （順番待ちの経験を楽にする方法の1つは，待っている人々に明確な情報を与えることだ）
>
> 〈正解は p. 155〉

　一般に文法参考書では，動名詞と現在分詞を別々に扱います。また exciting などは形容詞に分類するのが普通です。この章ではこれらをまとめて **-ing 形**と呼び，頻度分析などを行います。また過去分詞の中には，完全に形容詞化して「～される」という解釈が通じないものも多くあります。そこで過去分詞と interested のような形容詞をまとめて **-ed 形**と呼びます。この章で取り上げるのは，次ページの表6-1の太字の品詞です。

第6章 -ing形と-ed形

表6-1 -ing形と-ed形の種類と働き

品詞		種類・働き
-ing形	動名詞	名詞的動名詞の一部（下記を参照） 動詞的動名詞
	現在分詞	形容詞（限定用法）の働き SVC・SVOCのCの働き 分詞構文を作る（→第7章） 進行形を作る（→第1章）
	形容詞	形容詞（限定・叙述用法）の働き
-ed形	過去分詞	形容詞（限定用法）の働き SVC・SVOCのCの働き 分詞構文を作る（→第7章） 完了形を作る（→第1章） 受動態を作る（→第3章）
	形容詞	形容詞（限定・叙述用法）の働き

＊形容詞＝もともとは分詞だが，G5で形容詞扱いされている語（exciting, injuredなど）。

　動名詞については，G5で名詞扱いされている語（名詞的動名詞）は原則として集計から除外しました。たとえばreading a novelのreading（動詞的動名詞）は集計対象，intensive readingのreading（名詞的動名詞）は集計対象外です。ただし，〈名詞的動名詞＋名詞〉の形（例：living room）のみ**4**の集計対象としました（現在分詞との比較のため）。

　以下の説明では，**1**〜**5**で-ing形を，**6**・**7**で-ed形を取り上げます。**8**はまとめです。

　まず，-ing形と-ed形の件数をまとめて示します。次ページの表6-2，表6-3を見てください。

表6-2 -ing 形の出現頻度

種類	Ⓡ	Ⓢ	計
① 名詞的動名詞＋名詞	66	34	100
② 動詞的動名詞	376	168	544
③ 現在分詞－限定用法	61	16	77
④ 現在分詞－Cの働き	9	8	17
⑤ 形容詞	104	43	147

＊例：① <u>living</u> room, ② <u>playing</u> tennis, ③ <u>increasing</u> population, ④ keep <u>walking</u>（進行形は含まない）, ⑤ <u>exciting</u> movie/This movie is <u>exciting</u>.

表6-3 -ed 形の出現頻度

種類	Ⓡ	Ⓢ	計
① 過去分詞－限定用法	88	13	101
② 過去分詞－Cの働き	2	10	12
③ 形容詞	178	93	271

＊例：① <u>stolen</u> bag, ② have one's bag <u>stolen</u>, ③ I'm <u>excited</u>.（受動態は含まない）

1　-ing 形（動名詞）の基本

不定詞（名詞的用法）も動名詞も「～すること」の意味で使いますが，第5章で見たとおり不定詞は未来志向の表現です。一方動名詞の基本的な意味は，たとえば『総合英語フォレスト』では**「習慣的行為や一般論を表す」**と説明されています。

(1) I like <u>singing</u> karaoke.
(2) I like <u>to sing</u> karaoke.

このように like の後ろに置く形について，G5には「一般に to do と doing は交換可能。厳密には doing は一般的なこと，または進行中・体験済みのことについて，to do はその場の特定の行為，または未体験・未来の行為について用いる」という説明があります。したがって「私はカラオケを歌うのが好きだ」を(1)(2)の形で表した場合，(1)は「カラオケの歌唱」という一般的行為が，(2)は「(これから) カラオケを歌う」という未来志向の具体的行為が意識されていると言えます。参考までに補記すると，筆者が何人かのネイティブに尋ねた経験では，「(1) (2)は全く同じ意味だ」と言う人もいれば，「(2)は普通『カラオケを歌いたい』の意味で，I would like to karaoke. と言うことが多い」と言う人もいました。

これに関連して，Ⓖ中の例を１つ見ておきます。

1️⃣ "What's your favorite sport?" " (　　)."
①Playing ski　　② Ski　　③ **Skiing** 〔正答〕　　④ To ski
(「あなたの好きなスポーツは何ですか」「スキーです」)〔Ⓖ-94 本筆〕
＊名詞の ski はスキーの板を意味するので①②は誤り。

この問いで「④はなぜ誤りなのか」という質問が生徒から出た場合，次のような説明が可能です。

「『私の趣味はスキー(をすること) です』と言いたい場合，下線部は一般的行為の意味だから動名詞で表す。つまり1️⃣では，My favorite sport is skiing. または単に Skiing. と答えればよい。My favorite sport is to ski. は，下線部がこれから行う個別の行為のように響くので不自然である。」

上記のような動名詞と不定詞の意味の違いを説明するには，次

のような例も使えます。

(3) My hobby is **traveling** abroad.
   (私の趣味は海外旅行をすることです)
   ＊一般的行為だから動名詞を使う。
(4) My dream is **to travel** around the world.
   (私の夢は世界一周旅行をすることです)
   ＊未来に向けての個別の行為だから不定詞を使う。

2　-ing 形（現在分詞・形容詞）の基本

最初に示したとおり，-ing 形は次の3つに分類されます。

① 動名詞
② 純粋な現在分詞（「～している［する］」の意味）
③ 現在分詞から派生した（感情などを表す）形容詞

ここでは②③の基本を確認します。これらの -ing 形は，形容詞と同じ性質を持っています。
一般に形容詞の用法は次の2つに分類されます。

(1) This is a <u>funny</u> movie.〈限定用法〉
   (これは愉快な映画だ)
(2) This movie is <u>funny</u>.〈叙述用法〉
   (この映画は愉快だ)

(1)のように**名詞の前に置かれた形容詞は，分類的特徴を表します**。一方(2)のように**名詞の後ろに置かれた形容詞は，一時的状態を表します**。つまり(1)は「これは愉快な性質を持つ映画だ」，(2)

は「この映画を見ている今，愉快に感じている」というニュアンスです。これと同じ理屈が，形容詞の働きをする分詞にも当てはまります。この章の冒頭の問いを再掲します。

> ② One of the ways to improve the waiting experience is to give clear information to <u>people waiting</u>.
> （順番待ちの経験を楽にする方法の1つは，待っている人々に明確な情報を与えることだ）［Ⓡ-12追筆］

問いの答えは「ノー」です。**下線部を waiting people と言うことはできません**。それだと waiting が分類的特徴を表し，「waiting people ＝いつも待っている人々」という不自然な意味に解釈されるからです。このように，名詞を修飾する -ing 形は形容詞と同じ性質を持っています。

なお，-ed 型（過去分詞・形容詞）にも同じ理屈が当てはまります。さらに形容詞の限定用法と叙述用法の対比を分詞にも適用して，たとえば I am <u>waiting</u>. や He was <u>killed</u>. の下線部を「叙述用法の形容詞の一種」とみなす考え方もあります。

3 動詞的動名詞は前置詞の後ろで使うことが多い

ここからはデータの分析です。まず，p.152の表6-2を「-ing 形の品詞」でまとめると表6-4のようになります。

表6-4 -ing 形の品詞別分類

品詞	動名詞	現在分詞	形容詞
件数	644 (73%)	94 (10%)	147 (17%)

この集計には，good <u>feeling</u> のような（G5で名詞扱いされてい

る) -ing 形は含まれていません。それを差し引いても，Ⓡ・Ⓢ**中の -ing 形の約 4 分の 3 は動名詞**という結果でした。

表6-4の644件は，次の2種類に分けられます。

① 名詞的動名詞＋名詞（例：<u>living</u> room）（100）
② 動詞的動名詞（例：<u>playing</u> tennis）（544）

この項では②を取り上げます（①は**4**を参照）。
文中での動詞的動名詞の位置は，「主語」「目的語」「補語［be動詞の後ろ］」「前置詞の後ろ」の4つです。Ⓡ・Ⓢ（544件）の件数は表6-5のとおりです。

表6-5 動詞的動名詞の文中での位置

[A] 主語	[B] 目的語	[C] 補語	[D] 前置詞の後ろ
93（17%）	125（23%）	9（2%）	317（58%）

このように，**6割近くの動詞的動名詞は前置詞の後ろで使われています。**以下にA～D型の例を示し，補足的な情報を加えます。

[A] 主語の働きをする動名詞（93件）
　③ **Being** by myself had given me a lot of time to think.
　　（一人ぼっちでいることは，私に（それまで）多くの考える時間を与えていた）［Ⓡ -16追筆］

このように動名詞を文（や節）の最初に置いた例は93件ありますが，不定詞を文（や節）の最初に置いた例は第5章でも取り上げた次の文のみです（→ p. 139）。

4 For the past six months, just **to be** able to do laundry or eat fresh vegetables at a salad bar had been a treat.
（過去6か月の間，洗濯してサラダバーで新鮮な野菜を食べることができる（ようになる）ことだけが慰めだった）［Ⓡ-16追筆］

3・4 は同じ出典からの引用で，仕事を辞めて長い一人旅をした作者が書いた文章です。3 の being by myself は「一人ぼっちでいる状態」という抽象的な意味を動名詞で表しています（To be by myself ～とは言いません）。4 の to be able ～は「これから行うこと」を意味するので，未来志向の不定詞が使われています。しかし英作文では，**名詞的用法の不定詞を文頭に置いてはいけないと指導すべきでしょう**（→ p. 140）。

なお，Ⓖ中の例も1つ見ておきます。

5 What does [**eating** blueberries / have / to / do with] good eyesight?
（ブルーベリーを食べることは優れた視力とどんな関係がありますか）［Ⓖ-06追筆］
 ＊ have something to do with ～（～と（何か）関係がある）のような形の下線部を what で尋ねる疑問文。eating blueberries は「ブルーベリーを食べるという一般的行為」の意味だから，to eat とは言わない。

[B] 目的語の働きをする動名詞（125件）

6 In our fourth year we each **began looking for** a university where we could do more advanced study.
（4年生になると私たちはそれぞれ，より高度な研究ができる大学を探し始めた）［Ⓡ-07追筆］

Ⓡ・Ⓢ中の〈他動詞＋動名詞〉の形は **start**（28）が最も多く，以下 **enjoy**（13），**stop**（11），**like**（11），**begin**（10）などが見られます（start などの後ろの不定詞と動名詞の頻度の比較は p. 117 を参照）。

　文法では「動名詞のみを目的語にとる動詞」を覚えておくよう指導します。Ⓖ中には mind（2），consider，put off の出題例があります。次の例は参考までに。

　7 If your muscles feel stiff and you want your body to be more flexible, I recommend (　　) yoga exercises.
　　① did　　② do　　③ **doing**〔正答〕　　④ done
　　（筋肉が硬いと感じて体をより柔軟にしたいと思うなら，ヨガのトレーニングをお勧めします）〔Ⓡ -13追筆〕
　　＊選択肢に to do はないが，recommend は動名詞のみをとる動詞だから空所に to do を入れることはできない。

[C] 補語の働きをする動名詞（9件）
　8 So, the next time you need to interact with others, whether it **is being** introduced to someone new or **going** for a job interview, you might like to first read from the pages of a great novel.
　　（だから，あなたが今度他人と接する必要があるとき，それが知らない人に紹介される場合でも就職の面接を受けに行く場合でも，あなたはまず名作小説のページを拾い読みしたいと思うかもしれない）〔Ⓡ -16追筆〕
　　＊この例の being と going は1件とカウント。is being introduced は進行形の受動態（→ p. 84）と同じ形。

「Sは〜することだ」の意味を表す形には〈S is 不定詞〉と〈S is 動名詞〉の2つがあり，件数は「不定詞：動名詞＝28：9」です。意味の対比については主語の場合（③・④）と同様で，⑧の being・going は一般的行為を表しています。比較のために不定詞を使った例を再掲します（→ p. 113）。

⑨ The most important thing **is to clean** the tank and change the water at least once every two weeks.
（最も大切なことは，水槽をきれいにして，少なくとも2週間に一度は水を替えることだ）[Ⓡ -14本筆]

⑨の to clean は「これから行う具体的行為」のニュアンスです。動名詞を使って … is cleaning the tank and changing the water … と表現することも可能で，その場合は「水槽の清掃と水替え」という一般的行為の意味になります。

[D] 前置詞の目的語の働きをする動名詞（317件）
「動名詞は前置詞の後ろに置くのが基本」と言ってよいかもしれません。前置詞別に見るとⓇ・Ⓢ中では of（73），by（50），for（41），in（39）などが多く，〈to＋動名詞〉の形も20件ありました。

⑩ There certainly are benefits **to living** as a multi-generational family in the same house.
（同じ家で多世代の家族として暮らすことには確かに恩恵がある）[Ⓡ -14本リ]
＊〈名詞＋to＋動名詞〉の形。形容詞的用法の不定詞との区別が必要。

ⓖ中には次の例があります。

⑪ There is no good reason **for** [**paying** women / less than men / if / they do / the same] job.
(男性と同じ仕事をしているなら、男性より安い給料を女性に支払うことに正当な理由はない) [ⓖ-93本筆]
* for paying の代わりに to pay（形容詞的用法の不定詞）を使うことも可能。この関係については p.124 を参照。

4　dancing girl は「踊っている少女」ではない

〈-ing 形＋名詞〉には次の2つのタイプがあります。

[A] líving room 型（動名詞＋名詞）
[B] living thíng 型（現在分詞／形容詞＋名詞）

これらの形について、基本的なことを確認しておきます。表6-6を見てください。

表6-6 〈-ing 形＋名詞〉の意味と発音

	意味	発音
A型	〜の○○ 〜するための○○	前を強く読む
B型	〜している○○ 〜する○○ 人を〜させるような○○	後ろを強く読む

A型は〈名詞＋名詞〉、B型は〈形容詞＋名詞〉に準じた表現です。発音に関して言うと、これらの形では名詞の部分を強く

読みます。たとえばA型はwréstling match（レスリングの試合），B型はworking móthers（働く母親たち [=mothers who work]），boring lécture（退屈な講義）のようになります。

　参考までに，この発音の違いに関するセンター試験の出題例を挙げておきます（設問の文面は少し変更しています）。

【問】次の会話の下線部において，下の問いに示された①〜④の語のうち，ほかの3つと比べて，最も強調して発音されるものを1つ選べ。

A：Are you free after work today？I was hoping we could do something together.
B：Well, sure, but aren't you going to the **health club**? I thought you went there every Wednesday evening.（以下略）
　① but　　② going　　③ health〔正答〕　　④ club
（「今日，仕事の後で時間はあるかい？いっしょに何かできればいいと思っていたんだ」「かまわないけど，君はスポーツジムに行くんじゃないのかい？　毎週水曜日の晩に通っていると思ったけど」）[98本筆]（発音問題のため⑥には入っていない）
　＊héalth clubは〈名詞＋名詞〉だから，healthを強く読む。一方，たとえばbig clubのような〈形容詞＋名詞〉の強勢はbig clúbとなる。ただし形容詞が長いときは，強弱のリズムを取るためにathlétic clúbのように前にも強勢が置かれる。

　Ⓡ・Ⓢ中で使われている〈-ing形＋名詞〉を，A型・B型に分けて集計すると次ページの表6-7のようになり，A型とB型の件数はほぼ半々でした。以下で詳しく見ていきます。

161

表6-7 〈-ing 形＋名詞〉のタイプ別出現頻度

位置	Ⓡ	Ⓢ	計
[A] **living room** 型	66	34	100
[B] **living thing** 型	87	16	103

[A] living room 型の表現（100件）

この型で名詞の前に置かれた -ing 形は基本的に名詞的動名詞であり，G5で名詞として扱われています。ただし，そうでない例も若干あります。

⑫ Britain once used a complicated **counting system** for its currency units; 1 pound equaled 20 shillings, but 1 shilling equaled 12 pennies.
（イギリスはかつて通貨単位に複雑な計算システムを使っており，そこでは1ポンド＝20シリングだが1シリング＝12ペンスだった）[Ⓡ -14追筆]
＊ counting は G5 では名詞扱いされていない。しかし実質的には名詞的動名詞とみなせる。counting system は「数えること［計算］のシステム」の意味。

[B] living thing 型の表現（103件）

形容詞に準じた働きをする -ing 形を，次ページの表6-8のように細分化してみました。

①～④の例を1つずつ示し，補足情報を加えます。まず①型は，次の例を含め41件あります（Ⓡ35：Ⓢ6）。

⑬ She walked 32 kilometers to warn the British of the

第6章 -ing形と-ed形

表6-8 形容詞に準じた働きをする -ing 形の分類

形	件数	例
① 自動詞＋-ing	41	increasing number
② 感情を表す他動詞＋ing	43	charming person
③ その他の他動詞＋ing	8	supporting role
④ ハイフン付き	11	English-speaking people

＊①は following（次の），promising（前途有望な）など形容詞性の強い（G5で形容詞扱いの）語を多く含む。②は interesting（面白い）などを含む。p. 166の表6-9では，便宜的に①のうち⒀のタイプの11件を現在分詞，それ以外の92件を形容詞とみなしている。

approaching attack, and it was prevented.
（彼女は迫りつつある攻撃をイギリスに警告するために32キロ歩き，それは防がれた）［Ⓡ -15追筆］

　学校では「現在分詞＋名詞＝～している○○」と教えますが，①型のうち「進行」のニュアンスを持つ例は⒀を含めて11件のみです（他の10件はすべてⓇ中で，changing number(s) (2), increasing number (2), increasing anxiety, emerging trends, growing number, pouring rain, rising generation, screaming voice）。下線の語と⒀の approaching は G5で形容詞扱いされており，これらの中に〈-ing形＋人〉の形は１つもありません（generation は集合体で，物に近いと考えられます）。
　したがって，たとえば「踊っている少女」を dancing girl とは言わないよう注意してください。まとめると次のようになります。

- 〈-ing 形＋A［名詞］〉が「～している A」の意味を表すケースは少ない。
- 「～している A［人］」を〈-ing 形＋A〉の形で表すことは，原則としてできない。

　一般に名詞の前に置かれた形容詞は分類的特徴を表すので，dancing girl は「踊り子の少女」と解釈されます（①の waiting people と同様）。ただし，sleeping baby（眠っている赤ちゃん）などは例外的に許容されます。また，〈-ing＋人以外〉の形は「～している○○」の意味にもなり，たとえば barking dog は「よくほえる犬」「ほえている犬」の両方の解釈が可能です。
　②型（感情を表す他動詞＋-ing）は，次の例を含めて43件あります（Ⓡ 35：Ⓢ 8）。

⑭ Walking into an electronics store today, consumers are faced with an **amazing variety** of audio technology.
（今日電器店に歩み入れば，消費者は驚くほど多様な音響技術に出くわす）［Ⓡ-14本筆］
＊内訳は interesting (20), amazing (5), exciting, refreshing, relaxing, surprising など。これらはすべて G5 で形容詞扱いされている。

　③型（その他［感情を表す他動詞以外］の他動詞＋ing）は，次の例を含めて 8 件です（Ⓡ 7：Ⓢ 1）。

⑮ Even after the sun sets, we can still make out the outline of Taipei's **surrounding mountains**, blacker than the evening sky.

(日没後でも，夕空よりも暗いタイペイの周囲の山々の輪郭を見分けることができる)［Ⓡ -07本筆］
* surround（〜を取り囲む）には自動詞の用法はない。この形で使われている -ing 形は folding（折りたたみ式の），supporting（支えとなる，助演の），surrounding（周囲の）の3語のみで，いずれも G5 で形容詞扱いされている。

②型・③型の -ing 形は，純粋な形容詞と考えてよいでしょう。これらは「-ing 形＝〜している」という訳語が当てはまらないことが多い点に注意が必要です。

最後に④型（ハイフンつきの -ing 形）は，次の例を含めて11件あります（Ⓡ10：Ⓢ1）。

⑯ Some universities in **non-English-speaking countries** now offer courses in English to overcome their disadvantage.
(非英語圏の一部の大学は，自らの不利を克服するために，英語の講座を現在提供している)［Ⓡ -12追筆］

日本人が会話や作文で⑯のような形容詞を自由に作るのは困難ですが，この形の基本的な意味は知っておくとよいでしょう。これらのほとんどは，〈**A**［名詞］＋ハイフン＋他動詞の -ing 形＝**A**を〜する性質を持つ〉という意味です。

5 形容詞の働きをする -ing 形の位置と働き

形容詞の働きをする -ing 形には，現在分詞・(純粋な)形容詞の2種類があります。ここではそれらをまとめて扱い，Ⓡ・Ⓢ中の形容詞の働きをする -ing 形（で始まる句）を，位置に応じて次ページの表6-9のように集計しました。

表6-9 形容詞の働きをする -ing 形の位置

用法	位置	現在分詞	形容詞	Ⓡ	Ⓢ	Ⓡ+Ⓢ	Ⓖ
限定	[A] 1語—名詞の前	11	92	87	16	103	0
	[B] 1語—名詞の後ろ	2	0	2	0	2	0
	[C] 2語以上—名詞の後ろ	64	0	48	16	64	0
叙述	[D] be動詞の後ろ	0	55	28	27	55	4
	[E] 一般動詞の後ろ	8	0	6	2	8	1
	[F] V+O の後ろ	9	0	3	6	9	4

＊[A] は **4** の living thing 型。〈be 動詞＋現在分詞〉（進行形）は第 1 章を参照。

◆**限定用法の -ing 形（現在分詞）の位置**

表6-9のⓇ・Ⓢ中の現在分詞の欄がA型：C型＝11：64であることから，次のように言えそうです。

・「〜している○○」の意味では，〈-ing形＋名詞〉よりも〈名詞＋-ing形で始まる句〉の方がよく使われる。

表にあるとおり，C型はⓇに多く見られます。次の文はその例です。

⑰ **Those living in Tokyo** seemed to be less involved in volunteer work than the nation as a whole.
（東京に住む人々は，全国（平均）よりもボランティア活動へのかかわりが少ないようだった）[Ⓡ -06本筆]

＊「人々」の意味の those の後ろに分詞句・前置詞句・関係詞節を置く形は多数見られる。

また，1語の -ing 形が名詞の後ろに置かれる場合があります。それがB型で，Ⓡに2件あります。そのうち1つは②，もう1つは次の文です。

⑱ Later Canada and Russia were invited to join, and the number of **countries participating** increased to eight.
（後にカナダとロシアが参加を促され，参加国の数は8になった）
[Ⓡ-10追筆]
＊②と同様に，participating は一時的状態だから1語でも名詞の後ろに置く。

◆限定用法の -ing 形と be 動詞に続く -ing 形
　形容詞も含めたA型（例：an <u>exciting</u> movie）とD型（例：This movie is <u>exciting</u>.）のⓇ・Ⓢ中の件数を見ると，表6-10のようになっています。

表6-10 形容詞の働きをする -ing 形の位置

位置	Ⓡ	Ⓢ	計
[A] 1語―名詞の前	87	16	103
[D] be 動詞の後ろ	28	27	55

この結果から，次のように推測できそうです。

・**形容詞の働きをする -ing 形は，書き言葉では名詞の前に，話し言葉では be 動詞の後ろに置くことが多い。**

たとえば interesting はⓇ・Ⓢに全部で34件あります。Ⓡでは16件中14件が <u>interesting</u> book のように名詞の前に置かれているのに対して，Ⓢでは18件中12件が That's <u>interesting</u>.（あるいは単に Interesting.）のような使い方です。**2**で説明したとおり，形容詞は名詞の前に置くと分類的特徴を，be 動詞の後ろに置くと一時的状態を表します。特に感情を表す形容詞は，話し言葉では be 動詞の後ろに置いて（I'm excited. のように）使うことが多いと言えそうです。

　D 型は，〈be 動詞＋-ing 形〉のうち進行形でないものです（55件）。これらの -ing 形はすべて形容詞であり，「～の感情を引き起こす」という意味です。次の文はその例です。

⑲ However, this movie was so **fascinating** and delightful that I soon forgot I was reading the dialogue.
（しかし，この映画はとても魅力的で楽しかったので，私はすぐに自分が（字幕の）対話を読んでいることを忘れた）〔Ⓡ-13本筆〕
＊頻度が高いのは interesting（14），exciting（6）など。

　この型の感情などを表す -ing 形と -ed 形を区別させる問いは文法問題でもよく出題され，Ⓖには次の例を含めて4件あります。

⑳ It (　　) for Mary to learn that her bike had been stolen.
① has shocked　　② shocked
③ was shocked　　④ was **shocking**〔正答〕
（自分の自転車が盗まれたことを知ったのはメアリにはショックだった）〔Ⓖ-07本筆〕
＊他の3件は interesting, surprising, tiring。

第6章 -ing 形と -ed 形

◆C の働きをする -ing 形

E 型（SVC の C になる -ing 形）と F 型（SVOC の C になる -ing 形）は，合計で17件です。この形で使われている動詞をまとめて示すと表6-11のようになります。

表6-11 -ing 形を C として使う動詞

型	動詞	Ⓡ	Ⓢ	Ⓖ
E 型	keep＋-ing 形	6	2	8
F 型	find＋O＋-ing 形	0	1	1
	get＋O＋-ing 形	0	1	1
	have＋O＋-ing 形	2	1	3
	hear＋O＋-ing 形	1	0	1
	see＋O＋-ing 形	0	3	3
計		9	8	17

＊表中の -ing 形はすべて現在分詞。

文法ではこれらの形を一通り学習しますが，実際の使用頻度はあまり高くないと言えるかもしれません。まずⓇ・Ⓢ中の例を3つ挙げます。㉒・㉓のように SVOC の C が -ing 形のときは，「O が C している状態を V する」と考えればよいでしょう。

㉑ My mother **kept telling** me to be brave, but I could tell that she was really worried.
（母は私に勇気を出すよう言い続けたが，母が本当に心配しているのがわかった）［Ⓡ -06本筆］
＊Ⓡ・Ⓢ中の〈V＋-ing 形〉の V はすべて keep。

㉒ It felt great to **have** a well-known chef **cooking** for me.
（有名なシェフが私のために料理をしてくれているのはすばらし

い気分だった）[Ⓡ-16本筆]
* 「有名なシェフが私のために料理している状態を持っている」ということ。

23 Right after we got to the festival, I **saw** people **scooping** goldfish.
（お祭りに着くとすぐに，人々が金魚をすくっているのが見えた）
[Ⓡ-11追筆]
* 〈知覚動詞＋O＋原形不定詞〉の形は，Ⓡ・Ⓢ中に see を使った形が3件ある（→ p.126）。

22の〈have＋O＋-ing 形〉は文法の授業ではあまり扱いませんが，日常的によく使われます。なお，Ⓖ中にも SVC・SVOC の C の働きをする -ing 形の例があります。

24 She sat all afternoon (　　) TV.
① **watching**〔正答〕　② was watching
③ had watched　④ watched
（彼女は午後ずっと座ってテレビを見た）[Ⓖ-04追筆]
* この問いはE型には含めていない。完全自動詞に続く -ing 形は「～しながら」の意味の分詞構文と考えればよい（→第7章）。She sat watching TV all afternoon. の語順でも同じ。SVC の C として働く -ing 形を問う問題は，Ⓖ中には1件のみ（become exciting の形）。

25 The thief was **caught** (　　) a television from the hotel.
① **stealing**〔正答〕　② to steal　③ stolen　④ stole
（泥棒はホテルからテレビを盗んでいるところを見つかった）
[Ⓖ-05追筆]
* 〈catch＋O＋-ing 形〉を受動態にしたもの。〈V＋O＋-ing 形〉

第6章 -ing形と-ed形

の問題は⑥中に4件あり，25のほか hear, see, watch に続く形が問われている。

6 -ed 形の品詞

-ed 形は，次のように分類できます。

[A] 純粋な過去分詞（「～される」の意味）
[B] 過去分詞から派生した形容詞
→ [B1] 感情を表すもの／[B2] その他

Ⓡ・Ⓢ中のこれらの件数と内訳は表6-12のとおりです。

表6-12 -ed 形の分類と出現頻度

位置	Ⓡ	Ⓢ	計
A型（純粋な過去分詞）	90	23	113（30%）
B1型（感情を表す形容詞）	45	29	74（19%）
B2型（その他の形容詞）	133	64	197（51%）

＊A型は限定用法のみ。叙述用法（be動詞＋純粋な過去分詞）は第3章（受動態）で扱う。たとえば a boy named Taro の named は上表の集計対象，The boy was named Taro. の named は集計対象外。一方，B1・B2型は限定・叙述の両方の用法を含む。たとえば I was surprised at the news. の surprised は B1型に入れる（ただし I was surprised by the news. は受動態とみなし集計対象外とする）。

この表からわかるとおり，**-ed 形の7割は形容詞**でした。これらの中には limited（有限の［限られた］），selected（えり抜きの［選ばれた］）など「～される」の意味を残している（が G5で形容詞扱いの）語もありますが，married（既婚の），detailed（詳細な）のように受動の意味が薄れて（または失われて）いる語もありま

す。

さらに表6-12の「その他」の197件は,表6-13のように3種類に分けることができます。

表6-13 B2型形容詞の分類

①他動詞起源	②自動詞起源	③名詞起源
176	13	8

①型:leftover(残りの),related(関連した),well-known(有名な)/②型:finished(終わって),gone(去って),grown-up(成人した)/③型:long-haired(長髪の),skilled(熟練した),talented(才能のある)

＊L-shaped(L字形の),striped(縞模様の)などは表6-13では①型に入れたが,③型と考えることもできる。

過去分詞(から派生した形容詞)はしばしば**2語(以上)を組み合わせた形**でも使います。その多くは限定用法で,名詞の前に置かれます。例を2つ挙げておきます。

㉖ Such dictionaries contain a large number of **commonly used English words**.

(そのような辞書には,広く使われるたくさんの英単語が入っている)[Ⓡ-09本筆]

＊〈副詞+過去分詞〉を名詞の前に置いた例は,㉖を含めて12件。

㉗ Next time you eat **turmeric-spiced curry**, maybe you can appreciate it even more.

(今度ターメリックで味付けしたカレーを食べるとき,あなたはたぶんそのことをもっと理解できるだろう)[Ⓡ-12追筆]

＊〈名詞など+ハイフン+過去分詞〉の形の形容詞を名詞の前に置いた例は,㉗を含めて30件。

7　-ed 形の位置と働き

5と同様に，-ed 形を表6-14のように集計しました。

表6-14 -ed 形の位置と働き

用法	位置	過去分詞	形容詞	Ⓡ	Ⓢ	Ⓡ+Ⓢ	Ⓖ
限定	[A]　1語—名詞の前	13	111	107	17	124	0
	[B]　1語—名詞の後ろ	12	0	10	2	12	1
	[C]　2語以上—名詞の後ろ	76	21	79	18	97	3
叙述	[D]　be 動詞の後ろ	0	108	56	52	108	0
	[E]　一般動詞の後ろ	6	29	15	20	35	3
	[F]　V+O の後ろ	6	2	1	7	8	12

＊〈be 動詞＋-ed 形〉は，-ed 形が形容詞なら [D] の，過去分詞なら受動態の集計対象とする（→第3章）。

◆限定用法の -ed 形（過去分詞）の位置

表6-14のⓇ・Ⓢ中の過去分詞の欄が A 型：C 型＝13：76であることから，-ing 形と同様に次のことが言えそうです。

・「～される［された］○○」の意味では，〈-ed 形＋名詞〉よりも〈名詞＋-ed 形で始まる句〉の方がよく使われる。

さらに A 型（-ed 形＋名詞）で使われた13件の -ed 形（過去分詞）は，次のように分類できます。

① 1 語（5）：cleared, crashed, designated, preferred, reused

② ハイフンつきの 1 語（5）：best-loved, finely-chopped, hand-operated, non-sweetened, well-designed
③ ハイフンなしの〈副詞＋-ed 形〉（実質的には 1 語に近い）(3)：elegantly designed, locally produced, newly opened

つまり，Ⓡ・Ⓢ中で〈1 語の過去分詞＋名詞〉が「～される［された］○○」の意味を表す例は，①の 5 件しかないということです。そのうちの 1 つを示しておきます。

㉘ Rainforests are destroyed to make money from selling not only trees but also cattle and crops that are raised on the **cleared** land.
（雨林が破壊されてのは，木材だけでなく切り開かれた土地で育てる牛や作物も売って金を稼ぐためである）［Ⓡ -09本筆］

C 型（名詞＋-ed 形で始まる句）は，-ing 形と同様にⓇに多く見られます。これらの -ed 形は基本的に「～される」の意味を持つ過去分詞であり，〈名詞＋G5で形容詞扱いの -ed 形〉の例も多少含まれます。例を 1 つずつ挙げておきます。

㉙ Rats, mice, hamsters, and squirrels belong to a large group of **animals called** rodents.
（ネズミ，ハツカネズミ，ハムスター，リスは，げっ歯類と呼ばれる動物の大きなグループに属している）［Ⓡ -11本筆］
＊called は過去分詞。A called [named] B（B と呼ばれる［という名の］A）の形が 9 件。そのほか used (6), given (5) など。

㉚ There are many **steps involved** in the production of *batik*.
（バティックの製造に関係する多くの段階がある）［Ⓡ -11本筆］

＊involved（関係して）はG5では形容詞扱い。このほかaged, associated, interested, located, related などの形容詞で始まる句が名詞の後ろに置かれた例がある。

また，C型の基本形は〈名詞＋-ed形で始まる句〉ですが，-ed形の前に副詞が加わった例もあります。Ⓖ中のC型（3件）の中から例を挙げます。

㉛ **Things long (　　) cannot be forgotten.**
　① **enjoyed**〔正答〕　　② enjoying
　③ have enjoyed　　④ to enjoy
（長く楽しまれることは忘れられない）［Ⓖ-07追筆］
　＊他の2件は the tests given to the students, children brought up by bilingual parents という形。

一方，B型（名詞＋-ed形）は12件あります。〈名詞＋-ing形〉が2件だったのと比べると（→ p.167），1語の-ed形を名詞の後ろに置くケースはそれなりに多いと言えそうです。次の文はその例です。

㉜ The lectures were followed by questions related to the **topics covered** and **readings assigned**.
（講義に続いて，扱われた話題と課された読み物に関する質問が行われた）［Ⓡ-09追筆］
　＊これら以外で名詞の後ろに置かれている1語の-ed形は，selected (2), asked, collected, donated, offered, reported, shown, studied, surveyed。

32の場合，covered や assigned は分類的特徴ではなく一時的状態なので，「一時的状態を表す形容詞（の働きをする分詞）は名詞の後ろに置く」という原則が適用されます。Ⓖ中にも〈名詞＋1語の -ed 形〉の例が1件あります。

33 From [**the information / provided,** / I was sure that none of the choices] could be the correct answer.
（与えられた情報から，選択肢のうちどれも正解ではありえないと私は確信していた）[Ⓖ -99追筆]
＊32の注釈と合わせて考えると，〈名詞＋1語の過去分詞〉の形で使う過去分詞のもとの動詞は，選択・調査・提示などの意味を持つものが多い。

◆**限定用法の -ed 形と be 動詞に続く -ed 形**

be 動詞に続く -ed 形は，この章では（受動態を除いて）形容詞だけを集計対象としました。A 型（例：excited fans）と D 型（例：The fans were excited.）のⓇ・Ⓢ中の件数を見ると，表6-15のようになっています。

表6-15 形容詞の働きをする -ed 形の位置

位置	Ⓡ	Ⓢ	計
[A] 1語―名詞の前	107	17	124
[D] be 動詞の後ろ	56	52	108

この結果から，-ing 形と同様に -ed 形にも次の傾向が見られると言えそうです。

・**形容詞の働きをする -ed 形は，書き言葉では名詞の前に，話**

し言葉では be 動詞の後ろに置くことが多い。

　D 型の総件数が比較的多い主な理由は，be 動詞に続く -ed 形の多くが「人に～の気持ちを起こさせる」という動詞から派生した形容詞であり，それらは叙述用法で使うことが多いからです。たとえばⓇ・Ⓢ中に interested は16件ありますが，〈interested＋名詞〉の形は0件です。

34 His parents and teachers **were worried** about his future.
　（両親と教師たちは彼の将来を心配した）［Ⓡ -16本筆］
　　＊ be 動詞に続く108件の -ed 形（形容詞）のうち，55件は surprised（12），interested（11）など感情を表すもの。そのほか crowded（6），broken（3），closed（3）など。

◆C の働きをする -ed 形
　E 型（SVC の C の働きをする -ed 形）と F 型（SVC の C の働きをする -ed 形）は，次ページの表6-16に挙げるような動詞とともに使われています。
　Ⓡ・Ⓢ中の E 型・F 型の合計は43件で，-ing 形（17件）と比べると多いように見えます。しかし43件の -ed 形のうち27件は形容詞であり（Ⓡ13：Ⓢ14），そのうち17件は感情などを表す語（例：excited）です。また E 型の get が22件を占めていることから，get excited [tired] のような動作受動態（→ p. 86）の例が最も多いと言えます。例を2つ挙げておきます。

35 What's wrong? You **look troubled**.
　（どうしたの？困ったような顔をしているね）［Ⓢ -11本筆］
　　＊ troubled は G5では形容詞扱い。

表6-16 -ed 形を C として使う動詞

型	動詞	Ⓡ	Ⓢ	Ⓖ
E型	become＋-ed 形	2	0	0
	get＋-ed 形	11	11	0
	feel＋-ed 形	2	3	1
	keep＋-ed 形	0	0	1
	look＋-ed 形	0	6	0
	seem＋-ed 形	0	0	1
F型	get＋O＋-ed 形	0	3	0
	have＋O＋-ed 形	0	4	6
	hear＋O＋-ed 形	0	0	2
	keep＋O＋-ed 形	1	0	1
	make＋O＋-ed 形	0	0	2
	see＋O＋-ed 形	0	0	1
計		16	27	15

36 I could get the 40-dollar one and the keyboard, and **have 15 dollars left over** for this web camera.

(40ドルの品とキーボードが買えて，このウェブカメラを買うお金が15ドル残る)［Ⓢ-14追リ］

＊〈have＋O＋-ed 形〉はこの例を含め4件。

学校では〈have＋O＋過去分詞＝O を〜される，してもらう〉と教えるのが普通ですが，36は「**O が〜された状態を持っている**」と理解するのがベターです（22の〈have＋O＋-ing 形〉も参照）。

〈have＋O＋-ed 形〉はⓇ (0)・Ⓢ (4)・Ⓖ (6) 中に全部で10件

あります。㊱以外の９件を列挙すると次のようになります。

① 「〜される」の意味を表すもの：Ⓖに have one's bag stolen (2)
② 「〜してもらう」の意味を表すもの：Ⓖに have one's throat checked, have the photograph done, have one's house painted, have the letter signed, Ⓢに have a tooth pulled
③ 「〜された状態を持っている」の意味を表すもの：Ⓢに have two/three lines connected

〈have＋O＋過去分詞〉の典型的な例文としてよく使われる I had my bike stolen.（自転車を盗まれた）のような形はⓇ・Ⓢ中にはなく，Ⓖ中に２件あるのみです。G5には「She had a book stolen from the library.（彼女は書斎から本を盗まれた）は Someone stole a book from her library. の方が一般的。have に強勢を置けば『本を盗ませた』か『盗まれた本を持っている』の意味になる」という説明があります。

表6-16でＦ型（SVOCのCの働きをする-ed形）をもう一度見ると，Ⓡ・Ⓢ中には８件ですがⒼ中には12件あります。Ⓖ中の例を２つ挙げておきます。

㊲ There was so much noise in the classroom that Hisako could not **make herself** (　　).
① hear　② **heard**〔正答〕　③ hearing　④ to be hearing
（教室はとても騒がしかったので，ヒサコは声を届かせることができなかった）〔Ⓖ-12追筆〕
＊ make oneself understood の形を問うものも１件。

38 Kate speaks English very fast. I've never **heard English**
  (　) so quickly.
  ① speak　② speaking　③ **spoken**〔正答〕④ to speak
  (ケイトは英語をとても速く話す。英語があんなに早く話されるのを私は聞いたことがない)[Ⓖ-92本筆]
  ＊知覚動詞を使った他の例は，hear one's name called と see food wasted の形を問うものが各1件。

37や38は入試の文法問題の定番であり，私大入試も含めて〈V＋O＋過去分詞〉の形は非常によく出題されます。ただ，Ⓢには have（4）・get（3）を使った例しかなく，実用上は37・38のような形を使わなくても済む場合も多そうです(たとえば37の後半は they could not heat Hisako's voice などとも言えます)。

8　-ing 形 / -ed 形のまとめ

ここまでの説明をふまえて，-ing 形と -ed 形の指導のポイントを以下にまとめてみました。

◆-ing 形に関する注意
① -ing 形は動名詞であることが多い。
② 文頭で主語の働きをする動名詞を，不定詞で代用することはできない。
③ 動名詞は前置詞の後ろで使うことが多い。
④ 〈-ing 形＋A［名詞］〉が「～している A」の意味を表すケースは少ない。
⑤ 「～している A［人］」を〈-ing 形＋A〉の形で表すことはできない。
⑥ 形容詞の働きをする -ing 形は，書き言葉では名詞の前，話

し言葉では be 動詞の後ろに置くことが比較的多い。
⑦ 〈S＋V＋O＋-ing 形〉の用例は比較的少ない。

◆-ed 形に関する注意
① -ed 形は形容詞であることが多い。
② -ed 形は副詞などと組み合わせて 1 つのフレーズを作ることも多い。
③ 形容詞の働きをする -ed 形は，書き言葉では名詞の前，話し言葉では be 動詞の後ろに置くことが比較的多い。
④ SVC・SVOC の C の働きをする -ed 形の多くは，過去分詞ではなく形容詞である。
⑤ SVOC の C の働きをする過去分詞を問う文法問題が入試では非常によく出題されるが，実際の用例は比較的少ない。

　文法問題によく出る知識が実際の文章や会話の中でもよく使われるかと言えば，必ずしもそうとは言えません。I had my bag stolen. や I couldn't make myself understood. のような丸暗記型の知識は文法問題対策としては重要ですが，アウトプットの観点からは「知らなくてもいい」と言えるかもしれません。いずれ 4 技能テストが大学受験の主流になれば，この種の知識の重要度は低下するはずです。

第7章 分詞構文

―悪しき学校英語の象徴―

　分詞構文は，第6章の -ing 形・-ed 形の分析とは別に扱います。現在広く行われている「書き換え」をベースにした分詞構文の指導方法には問題があり，実際の使い方を特に詳しく見ていく必要があると考えたためです。

> **問題**
> 次の文中の下線部は，分詞構文でしょうか？
> (1) A boy came running to me.
> (2) My mother is busy cooking dinner.
>
> 〈正解は下記を参照〉

文法書ではしばしば次のように説明されています。

① 分詞で始まる語句が副詞の働きをするものを分詞構文と言う。
② 分詞構文には接続詞の意味が含まれる。

　この説明に従うなら，上の(1)(2)の下線部は分詞構文ではありません（少なくとも②の条件を満たさないから）。しかし，(1)(2)の -ing は分詞構文のカテゴリーに入れてよいと思います。したがって上の問いの答えは「**イエス**」です（説明は次ページを参照）。

この章の説明の流れは次のとおりです。まず**1**では -ing 形を使った分詞構文の基本的な働きを確認します。**2**〜**4**ではデータの分析を通じて，書き言葉・話し言葉の中での分詞構文の使い方を見ていきます。**5**はまとめです。

1 -ing 形を使った分詞構文の基本は「〜しながら」

〈完成した文＋-ing 形〉の基本的な意味は，次のように説明できます。

- -ing 形は「同時に起きていること」を表す。
- 「〜しながら」という解釈が成り立つ。

これを念頭に置いて冒頭の問いを考えてみます。

(1) A boy came <u>running to me</u>.
(2) My mother is busy <u>cooking dinner</u>.

(1)は「走りながら来た」，(2)は「料理をしながら忙しくしている」と解釈できます。このようなものは分詞構文と考える方がシンプルです。同様の例を2つ挙げます。

> 1 "I'd like you to give your oral report at the beginning of class next week." "Excuse me, but I'll [be / away / **attending** / my brother's / wedding]."
> (「来週の授業の最初に，君に口頭で報告してほしいのだが」「すみませんが，私は兄の結婚式に出席していて不在です」)［Ⓖ-11 追筆］
> ＊「不在である」ことと「出席している」ことが同時に起きてお

り,「出席しながら［出席している状況を伴って］不在だ」と考えることができる。

2 We **spend** roughly one third of our lives **sleeping**.
（私たちは人生の約3分の1を眠って過ごす）[Ⓡ-07追筆]
＊下線部は「眠りながら」と解釈できる。

このように「〜しながら」と解釈できる -ing をすべて分詞構文と考えれば,説明を単純化できます。
では,次の例はどうでしょうか。

3 Could you show me how to make my mobile phone ring differently, (　　) who's calling me?
① **depending on**〔正答〕　② in spite of
③ on behalf of　　　　　　④ relying on
（誰が電話をかけているかに応じて,携帯電話の鳴り方を変える方法を教えてもらえますか）[Ⓖ-12本筆]

この文の depending on 以下は「〜に左右されながら」と解釈できるので,本質的には分詞構文です。ただ,depending on は G5では熟語として扱われており,（群）前置詞と考える方がわかりやすいでしょう。次の2例も同様です。

4 A number of cities, (　　) Manchester, wished to host the 2000 Summer Olympic Games.
① adding　② bearing　③ containing　④ **including**〔正答〕
（マンチェスターを含むいくつかの都市が,2000年の夏季オリンピックを主催したいと願っていた）[Ⓖ-98追筆]
＊ including（〜を含めて）は G5では前置詞扱い。

5 I hiked a couple of hours from the mountaintop down to the lodge. I finally got to the bus stop [**following** / another / thirty / minutes' / walk].
（私は山頂から２，３時間歩いて山小屋まで降りた。さらに30分歩いてやっとバス停に着いた）［Ⓖ -07追筆］
＊following（〜に続いて）はG5では前置詞扱い。

そこで以下の分析では，3〜5のように -ing 形以下が前置詞句の働きをしているものは除外し，いわば「純粋な」分詞構文だけを取り上げます。

参考までに補足すると，go shopping のような形の -ing 形は分詞構文ではありません。これは動名詞（shopping）の前の前置詞（for）が省略された慣用句と考えられます。そのことは go sightseeing のような例から推測できます。sightsee という動詞はありますが，これは名詞の sightseeing（< sight＋seeing）から派生したもの。つまり言葉の生まれた順番が sightseeing → sightsee であり，下線部を「sightsee の現在分詞」と考えることはできません。

2　-ing 形は主文の後ろに置く例の方が多い

ここでは〈動詞の原形＋-ing〉で始まる分詞構文だけを取り上げます（複雑な形については4を参照）。この形が置かれる位置としては，次の２通りがあります。

[A] 主文＋-ing 形
[B] -ing 形＋主文

これらの分詞構文の件数を集計した結果は次ページの表7-1の

表7-1 分詞構文の -ing 形の位置

		Ⓡ	Ⓢ	Ⓖ	計
A	spend＋O＋-ing	27	5	2	34
	be busy＋-ing	1	0	0	1
	have trouble ［difficulty］＋-ing	2	1	0	3
	上記以外の〈主文＋-ing 形〉	73	9	1	83
B	〈-ing 形＋主文〉	11	1	1	13

＊慣用表現（honestly speaking など），with を使った付帯状況構文，〈接続詞＋-ing 形〉の形は除く。

とおりです（［A］は細分化して示しています）。

この表が示すとおり，話し言葉だけでなく書き言葉でも，**B型(-ing 形で始まる分詞構文を文頭に置く形)はかなり少ない**と言えます。参考までにそれらの例を挙げておきます。

6 (　　) children the way she does, Sue should become a teacher.
① Like　② Liked　③ **Liking**〔正答〕　④ To like
（あんなに子供が好きなのだから，スーは教師になるべきだ）
［Ⓖ -93本筆］
＊ Liking = As she likes という言い換えは可能だが，「子供が好きな状況を伴って」と考えることができる。

7 **Seeing** Apollo chase his daughter, Peneus used his magic to help her, turning her into a beautiful laurel tree.
（アポロが娘を追いかけるのを見て，ピニオスは魔法を使って彼女を助け，彼女を美しい月桂樹に変えた）［Ⓡ -09追筆］
＊ Seeing = When he saw という言い換えは可能だが，see と

useという2つの動作が同時に起きたというニュアンスをとらえることが大切。

⑥・⑦では，-ing形以下が後半に対する前置きになっています。つまり〈-ing形＋主文〉型の文は，全体の形を頭に思い描いて作られます。だから書き言葉には適していますが，**思いついた順に情報を並べる話し言葉には向かない**と言えます。またこのような文構造は，重要な情報を後ろに置くことで相手の興味を引く働きをするので，**主に物語や随筆などの主観的文章で使われます**。

なお，Ⓡ・Ⓢに含まれる〈-ing形＋完成した文〉の12件を意味の面から見ると，-ing形がwhenの意味に解釈（しようと思えば）できるものが⑦を含めて5件，「～しながら」の意味に解釈できるものが7件です。**whenの以外の接続詞で言い換えられるものは0件**でした。このことからも，「分詞構文は（さまざまな）接続詞で言い換えられる」というとらえ方には問題がありそうです。

一方，〈主文＋-ing形〉の形は，話し言葉でも書き言葉でも非常によく使われます。たとえば以下の例の-ing形は，「～しながら」の意味の分詞構文と考えることができます。

⑧ Players take turns **drawing** a line.
（プレイヤーは順番に線を1本引きます）［Ⓢ-07本筆］
⑨ Why would you waste your precious time just **sleeping**?
（あなたはなぜ（習慣的に）貴重な時間をただ眠ってむだ使いしたのか）［Ⓡ-07追筆］
⑩ Well, he probably had a good time **spending** the money.
（そうだね，彼はたぶんそのお金を使って楽しく過ごしたんだ）
［Ⓢ-11追筆］

⑪ And sleeping outside on the ground — well, that also took some time **getting** used to.
(そして屋外の地面で眠ること―そう，それも慣れるのに少し時間がかかった)[Ⓡ-16追筆]

また新聞記事や論説文などの書き言葉では，〈主文＋-ing 形〉の -ing 形がしばしば「そして~」の意味を表します。

⑫ When this happens, thousands and thousands die, **resulting** in a population crash.
(これが起きると非常に多く（の個体）が死に，集団的消滅の結果に至る)[Ⓡ-11本筆]

⑬ In these settings, music may be partly lost in background noise, **making** it hard for the listener to concentrate on it.
(このような環境では音楽の一部が背後の騒音で失われ，聞き手が集中できないことがある)[Ⓡ-14本筆]

これらの -ing 形も，「同時に起きている」という意味の延長で（A が起きると同時に B が起き始めているというニュアンスで）とらえることができるように思われます。言い換えれば，-ing 形を使った分詞構文の本質的な意味は「~している状態を伴っている」という意味です。それに対して -ed 形を使った分詞構文は「~され（てい）る状態を伴っている」という意味を表します。次項では両者をまとめて見ていきます。

3 分詞構文の働きは「副詞」だけか？

ここからは，現在分詞だけでなく過去分詞を使った分詞構文も含めて見ていきます。一般に分詞構文は副詞の働きをすると考え

られていますが，次のような例もあります。

⟦14⟧ Fidelity, **meaning** truthfulness, refers to recording and reproducing music that is as close as possible to the original performance.
（誠実さを意味するフィデリティ（という語）は，元の演奏にできるだけ近い音楽を録音し再生することを指す）[Ⓡ-14本筆]

⟦14⟧の下線部は，「副詞の働き」でしょうか？　意味を考えると，下線部は継続［非制限］用法の関係詞節（which means truthfulness）と同じ働きと解釈するのが妥当に思われます。

継続用法の関係詞節がどんな品詞の働きをするのかを，学校文法ではふつう説明しません。一方『現代英文法講義』（pp. 473-4）では形容詞の働きを制限用法と非制限用法とに分類し，後者の例として次の文を示しています。

(1) Come and meet my **beautiful** wife.
（ぼくの美しい妻に会いに来てください）[＝ my wife, who is beautiful：美しくない妻がもう一人いるわけではない]

⟦14⟧の下線部は，これと同じ働きと考えることができます。つまり，**分詞構文が（非制限［継続］用法の）形容詞の働きをする場合もある**ということです。次の例も同様です。

⟦15⟧ In comparison, Valencia oranges ─ with thin skins, **containing** occasional seeds, and with juicy and sweet flesh ─ accounted for 24 percent during the same period.
（それに対して，皮が薄く，時々種を含むことがあり，果汁が多

く甘い果肉を持つバレンシアオレンジは,同時期に（市場の）24％を占めた）[Ⓡ -16本筆]
＊containing ＝ which contains（形容詞的用法）。

今度は,過去分詞の例を見てみましょう。

⑯ Helen Keller, **admired** for her work on behalf of people with disabilities, visited Japan three times.
（障害を持つ人々のための働きを賞賛されるヘレン・ケラーは,日本を3回訪れた）[Ⓡ -15本リ]
＊admired ＝ who is admired と置き換えて考えることができる。

このような視点から,分詞構文を「副詞的分詞構文」と「形容詞的分詞構文」とに分類し,Ⓡ・Ⓢ内で集計した結果は表7-2の

表7-2 分詞構文の働きと位置による分類

働き	品詞	位置	Ⓡ	Ⓢ	計
副詞的	現在分詞	主文の前	11	1	12
		主文の後ろ	68	9	77
	過去分詞	主文の前	6	0	6③
		主文の後ろ	4	1	5④
形容詞的	現在分詞	主文の前	0	0	0
		主文の後ろ	5	0	5①
	過去分詞	主文の前	1	0	1⑤
		主文の後ろ	14	2	16②

＊＜S+V＞のSの後ろに挿入された分詞構文は「主文の後ろ」として集計。spend＋O＋-ing などは除く。

とおりです。
　この表から，次のことが言えます。

- 現在分詞でも過去分詞でも，分詞構文は主文の後ろに置かれることが多い。
- 主文の後ろに置いた現在分詞は副詞的に，過去分詞は形容詞的に使うことが多い。

⑮・⑯は，表中の①－②の例です。もう1つ例を挙げます。

⑰ However, there is one very simple and elegantly designed chair, **known** as the "French series".
（しかし「フレンチ・シリーズ」として知られる1つの非常に簡素で上品なデザインのいすがある）[Ⓡ -11追筆]
　＊②の例（known = which is known）。主文の後ろに置かれた過去分詞句が形容詞の働きをする例はこれを含めて16件。そのうち called ～（～と呼ばれる）が3件，shown ～（～に示されている）が2件。

③④⑤の例も1つずつ挙げておきます。

⑱ **Based** on what he has learned at his online university, he has made a number of suggestions to his boss, and sales in his department have been steadily increasing.
（オンライン大学で学んだことに基づいて彼は上司にいくつかの提案を行い，彼の部署の売り上げは着実に増加している）[Ⓡ -09追筆]
　＊③の例。ほかに given（～を考慮すれば）(2), compared with

～（～と比較して），faced with ～（～に直面して），granted（そうだとしても）の5件。

⑲ I was raised on a farm and was brought up **surrounded** by animals.

（私は農場で育てられ，動物に囲まれて育った）[Ⓡ -07本筆]

＊④の例。surrounded は「囲まれた状態で」の意味。ほかに surrounded がもう1件，undigested（消化されずに），based on ～（～に基づいて），combined with ～（～と結びついて）の4件。これらはすべて「～されている状況を伴って」の意味であり，接続詞では言い換えられない。

⑳ **Founded** in 1945, the UN has come to play an essential role in our world today.

（1945年に設立された国際連合は，今日の私たちの世界で不可欠な役割を果たすようになった）[Ⓡ -10追筆]

＊⑤の例はこの1件のみ。The UN, founded [=which was founded] in 1945, has come … と言い換えても意味は変わらないので，形容詞的用法の過去分詞を主文の前に置いた形と考えられる。

⑯～⑳の説明のとおり，過去分詞で始まる分詞構文は，書き言葉においても話し言葉においても「～され（てい）る状況を伴って」の意味であり，しばしば**継続用法の関係詞節**で言い換えられます。

したがって，文法書に必ず載っている Seen from the plane, … = If it is seen …（飛行機から見れば…）のような形は，この種の分詞構文の典型例とは言えません。ちなみにⒼに入っている過去分詞を使った分詞構文に関する問いは，次の1件のみです。

21 (　) that company, our company gives longer paid holidays.
　① Compare to　　　② **Compared with**〔正答〕
　③ Comparing as　　④ Comparison of
（あの会社に比べれば，私たちの会社の方が長い有給休暇をくれます）[Ⓖ-08追筆]

最後に，もう一度確認しておきます。p. 189では，「(名詞を修飾する)形容詞には制限［限定］用法と非制限［継続］用法とがある」と説明しました。その説明をふまえて分詞句と関係詞節の働きをまとめると，表7-3のようになります。

表7-3 分詞句と関係詞節の働き

働き	分詞句	関係詞節
① 制限用法の形容詞	○	○
② 非制限用法の形容詞	○	○
③ 副詞	○	×

＊関係詞節は who, which などで始まるもの。p. 215も参照。

従来の文法書では，分詞句の働きを①と③（分詞構文）だと説明していました。しかし**3**で取り上げた分詞構文の多くは②の用法と考える方が合理的です。そしてこの種の表現は文章や会話の中にしばしば出てきます。1つ例を追加します。

22 Millions of chairs of this type have been bought since the first one went on sale in the 1930s. All sorts of people, **some famous, some ordinary,** have sat on the chair since the original was invented.

(1930年代に最初に発売されて以来，この種の何百万ものいすが買われてきた。有名人から一般人まであらゆる種類の人々が，最初の型が発明されて以来そのいすに腰を降ろしてきた）[Ⓡ-11 追筆]

下線部は「some being famous …という独立分詞構文の being が省略された形」と説明するよりも，「非制限用法の形容詞である」と説明する方がシンプルです。⑭〜⑯の分詞句や継続用法の関係詞節と同じ働きと考えれば，文法理論としてのつじつまも合います。

4 複雑な分詞構文の使用頻度は低い

ここまでは，現在分詞または過去分詞で始まるシンプルな形だけを見てきました。次に，文法の授業で教える複雑な形の分詞構文が実際にどの程度使われているかを集計してみました。表7-4 を見てください。

表7-4 複雑な形の分詞構文の出現頻度

	Ⓡ	Ⓢ	Ⓖ
[A] 否定語で始まる分詞構文	0	0	1
[B] 完了形の分詞を使った分詞構文	1	0	1
[C] 独立分詞構文	1	0	1
[D] 形容詞・名詞で始まる分詞構文	2	0	1
[E] with 構文（付帯状況）	6	0	3

＊when driving のような〈接続詞＋分詞〉の形は除く。

学校では [A] 〜 [C] を重点的に教えますが，表7-4のとおり実際の用例は多くありません。また，入試の文法問題に出題される

第7章 分詞構文

形と実際に使われる形はかなり違います。順に例を挙げます。

[A] 否定語で始まる分詞構文

23 **Not** (   ) which course to take, I decided to ask for advice.

① being known　② to know

③ known　　　　④ **knowing**〔正答〕

(どのコースを選ぶべきかわからなかったので、私は助言を求めることに決めた)〔Ⓖ-02追筆〕

＊Ⓡ・Ⓢには0件。私大入試を含めても、大多数は Not knowing ～の形を尋ねている。受験対策としてはこの表現を暗記しておくだけで十分。

[B] 完了形の分詞で始まる分詞構文

24 (   ) several magazine articles on the theme, I was able to understand the presentation perfectly.

① Had read　② Has read

③ Have read　④ **Having read**〔正答〕

(そのテーマに関するいくつかの雑誌記事を読んでいたので、私はその発表を完全に理解できた)〔Ⓖ-10追筆〕

25 Cities are likely to be too crowded and become very difficult places to live. **Having said that**, due to recent population trends, we soon may not have a choice about where to live.

(都市は混雑しすぎてとても住みにくい場所になりやすい。そうは言うものの、最近の人口動向のせいで私たちはまもなくどこに住むかを選べなくなるかもしれない)〔Ⓡ-14本筆〕

＊having said that は「そのことを言ってしまった状態で(は)

→とは言うものの，それでもなお」の意味の慣用表現。

[C] 独立分詞構文

26 **All things** (　　), the chorus club decided to postpone its winter concert.
① **considered** 〔正答〕　② considering
③ to be considered　④ to be considering
(すべてのことを考慮して，そのコーラスクラブは冬のコンサートを延期することに決めた)〔Ⓖ-11追筆〕
＊過去分詞を使った分詞構文が「～されている状態で」の意味を表すと考えてよい。

27 Perhaps its best-known use is in food, **curry being** the most obvious example.
(それ[＝前文のturmeric]の最もよく知られた利用法はたぶん料理の中であり，カレーが最も明らかな例である)〔Ⓖ-12追筆〕
＊Ⓡ・Ⓢ中の独立分詞構文はこの1件のみ。このような形は説明文などに時々見られる。

[D] 形容詞・名詞で始まる分詞構文

28 **True** (　　) **his word**, the Japanese baseball player has had many base hits this year.
① at　② in　③ **to** 〔正答〕　④ with
(公約通りに，その日本人野球選手は今年多くのヒットを打っている)〔Ⓖ-12追筆〕
＊true to his word は副詞的用法(文修飾副詞の働き)。

29 "What are you doing?" the waiter or waitress sometimes asked, **afraid** that there was something wrong with the food.

(「何をしているのですか」とウエイターやウエイトレスが，料理に何かまずいところがあるのではないかと心配して時々尋ねてきた）[Ⓡ -08追筆]

＊afraid は副詞的用法（「恐れている状態で」）。

㉚ **A compassionate person**, Dr. Jemison has used her education to improve the lives of others by providing primary medical care to poor people.

（情け深い人物であるジェミソン博士は，貧しい人々に基本的な医療を提供することによって他の人々の生活を改善するために自分の教育を利用してきた）[Ⓡ -08本筆]

＊下線部は（非制限用法の）形容詞的用法。Dr. Jemison, who is a compassionate person, has … と言い換えても意味は変わらない。

このような形を普通は「分詞構文の being の省略」と説明しますが，㉘・㉙は「形容詞（句・節）が副詞に転用された」，㉚は「名詞（句）が形容詞に転用された」と考えることもできます。こうした品詞の転用は幅広く見られます。たとえば Come quick!（早く来て）の下線部は形容詞を副詞に転用したものです。

[E] with 構文

㉛ He lay on the sofa **with** his (　　) and soon fell asleep.
① arms **folded**〔正答〕　② arms folding
③ fold arms　　　　　　④ folding arms

（彼は腕組みをしてソファーに横たわり，すぐに眠りこんだ）[Ⓖ -98本筆]

＊Ⓖ中の3件はすべて過去分詞を使った形。

㉜ They are arranged in order of distance from the Sun, **with**

Mercury **being** the closest.
　(それらは太陽からの距離の順に並べられており,水星が最も近い)［Ⓡ-13追筆］
　＊一般に with 構文は,with を省けば独立分詞構文になる。この文の with も省略可能で,省略すると㉗と同じ形になる。

　Ⓡ・Ⓢには分詞を使った例が6件あり,前置詞句・形容詞・名詞などを使った例も20件あります。かなりよく使われる形と考えてよいでしょう。

㉝ **With** these factors and other conditions **in mind**, WHO has proposed solutions to the global shortage of health care workers.
　(これらの要因と他の条件を念頭に置いて,世界保健機構は世界規模の医療従事者の不足に対する解決策を提案している)［Ⓡ-13本筆］

㉞ During the late 80s, carbonated drinks of all sorts (such as sodas and colas) were the leaders in popularity, **with** fruit juices **a close second** and coffee-based drinks **a bit further back** in the competition.
　(80年代後半には,各種炭酸飲料(たとえばソーダやコーラ)が人気の点でトップであり,フルーツジュースが僅差の2位,コーヒー系飲料はやや離れて競争の下位だった)［Ⓡ-07本筆］

５　分詞構文の指導に関する注意点(まとめ)

　かつて河上道夫先生は『英語参考書の誤りとその原因をつく』の中で,「分詞構文の意味を時・理由・条件・譲歩のように分類するのは,J.C. Nesfield, *Modern English Grammar* (1912) から

の孫引きであり，今日の英語には通用しない」という趣旨の指摘をしておられます。筆者を含めて多くの英語指導者は，今から100年以上前に出版された1冊の文法書の記述を下敷きにした説明を学んできたわけです。一方，この章では次のような点を挙げました。分詞構文に対する従来の説明との違いを確認してください。

① 多くの分詞構文は，接続詞では言い換えられない。
② 分詞構文は文頭より文中で使う例の方が多い。
③ 〈-ing 形＋主文〉は物語文などで好まれる。会話や新聞記事などでは〈主文＋-ing 形〉が多い（基本的な意味は「〜しながら」「そして〜」）。
④ 過去分詞を使った分詞構文は「〜され（てい）る状況を伴って」の意味を表し，継続用法の関係詞節で言い換えられる場合も多い。
⑤ 分詞構文は，副詞の働きをするとは限らない。非制限用法の形容詞の働きと考える方がよい場合もある。
⑥ 複雑な形の分詞構文（否定語や完了形を含む分詞構文，独立分詞構文など）の使用頻度は低い。ただし **with** 構文はよく使われる。

第8章　関係詞
―アウトプットのための実用的な知識―

　関係詞に限らず，文法の授業で習ったことをそのまま適用して作った文が自然な英語になるとは限りません。たとえば「私が好きな歌手」を the singer whom I like と表現するのは口語的ではなく，関係詞を使わずに my favorite singer と言うのがベストです。この章では，こうした「発想の転換」の重要性などを考えていきます。

問題

次のうち，正しい文を<u>すべて</u>選んでください。
(1) This is the house where I was born.
(2) This is the house that I was born.
(3) This is the house I was born.
(4) This is the house I was born in.

〈正解は p. 209〉

　中学では the boy <u>who</u> won the race（競走に勝った少年）のような限定用法の関係代名詞を扱います。この章では中学と高校の学習内容に沿って，**1**・**2**で限定用法の関係代名詞と関係副詞，**3**で継続用法の関係詞，**4**で what，**5**でその他の関係詞を取り上げます。**6**はまとめです。

1 限定用法の関係代名詞をどう教えるか？

限定用法の関係代名詞は，文法の授業では表8-1のように説明するのが一般的です。

表8-1 従来の関係代名詞の指導

先行詞	主格	所有格	目的格
人	who	whose	whom/that
人以外	which/that	whose	which/that

しかし実用性を考えると，（多少の例外には目をつぶって）表8-2のように説明する方がシンプルでわかりやすいと思います。

表8-2 筆者が提案する関係代名詞の指導

先行詞	主格	所有格	目的格
人	who	なるべく使わない	省略する
人以外	that		

以下，Ⓡ・Ⓢのデータを使ってこのことを検証していきます。

[A] 主格の関係代名詞

who, which, that の件数は次ページの表8-3のとおりです。

先行詞が人の場合はほぼ完全に who が使われており，例外は次の1件のみです。

① On every flight, there is always one passenger **that** stands out.
　（どの便にも目立つ乗客が必ず1人いる）［Ⓢ-10追筆］
　＊ one が強い指示性を持つので，that と相性がよい。

表8-3 主格の関係代名詞の出現頻度

先行詞	関係代名詞	Ⓡ	Ⓢ	計
人	who	73	25	98
	that	0	1	1
人以外	which	27	6	33
	that	94	31	125

＊who・which は限定用法のみ。継続用法は **3** を参照。

　先行詞が人以外の場合，書き言葉では which も使われますが，話し言葉では that が優勢です。ここでは which の例を１つ挙げておきます。

2 I've read some studies **which** say that playing video games encourages you to try harder and achieve more.
　（テレビゲームをすることは熱心に努力し達成度が上がるのに役立つといういくつかの研究を読んだことがあります）[Ⓢ-07本筆]
　＊Ⓢ中の which（６件）は，すべて討論形式の（フォーマルな）会話中で使われている。

　したがって主格の関係代名詞の使い方は，次のように覚えておけば十分でしょう。

・A［人］＋who＋V＝〜するA
・A［人以外］＋that＋V＝〜するA

[B] 所有格の関係代名詞

whose は Ⓡ・Ⓢ 中には 3 件しかありません。

3 In fact, the farmer who grows the cocoa beans and the farmer **whose** cows give the milk get very little of the money you pay.
（実際は，カカオ豆を栽培する農家も，牛乳を供給する牛を飼う農家も，あなたが（チョコレートを買って）払った金のうちごくわずかしか得ていない）［Ⓡ -09本筆］
＊このほかⓇとⓈに1件ずつ（先行詞はいずれも人）。

関係代名詞の whose の使い方には個人差や地域差がありますが，「**whose は使わずに済むなら使わない方がよい**」と教えるのがよいと思います。

和文 私はリュックサックが破れた徒歩旅行者に会った。
英訳 (a) I met a hiker whose pack was torn.
(b) I met a hiker with a pack that was torn.

上記は『ウィズダム』からの引用で，「whose は（かたく）重く響くので，日常会話では (b) を使うことも多い」という趣旨の説明があります。

また『ネイティブが使う英語・避ける英語』では「whose は先行詞『物』には使わない」として，The house whose roof is damaged is your house, isn't it? の whose に対して「（ネイティブは）『屋根』を『家』の'所有関係'ととらえることに抵抗を覚える。この構造を受け入れるのは今日では BE（イギリス英語）のシニア層のみ」という説明があります。

[C] 目的格の関係代名詞

目的格の関係代名詞（whom, which, that）と接触節（関係代名詞が省略された形）の件数は表8-4のとおりです。

表8-4 目的格の関係代名詞の出現頻度

	Ⓡ	Ⓢ	計
whom	1	0	1
which	3	1	4
that	17	12	29
接触節	80	42	122

＊who を目的格の関係代名詞として使った例は0件。that の先行詞はすべて人以外。

この結果と [A] を考え合わせると、書き言葉でも話し言葉でも次のように言えそうです。

- 目的格の関係代名詞は省くことが多い。
- **which** と **that** の両方が使える場合は、**that** を使うことが多い。

参考までにいくつかの例を挙げておきます。

④ A role model is an ideal person **whom** we admire.
（ロールモデルとは、私たちが賞賛する理想的な人物である）
[Ⓡ -08本筆]
＊whom を単独で使った例はこの1件のみ（→ p. 215）。

⑤ Are there any other views **which** we should consider?
（私たちが考慮すべき他の意見は何かありますか）[Ⓢ -07本筆]
＊討論での発言（フォーマルな話し言葉）。Ⓢ中で使われている

目的格の which はこの 1 件のみ。

6 They wanted more money for **the milk their cows produced**.
（彼らは自分たちの牛が生産する牛乳の対価としてより多くの金を求めた）［Ⓡ -09本筆］
＊接触節は 2 〜 5 語程度の短いものが多い。

接触節の習得は多くの生徒にとってハードルが高いので，次の形を反復練習させる必要があります。

・**A＋S＋V（＋前置詞）＝ S が V する A**

Ⓖには接触節を問う問題が 8 件あります。

7 I still [haven't / recovered from / **the cold** / I / **caught**] last week.
（私は先週ひいたかぜからまだ回復していない）［Ⓖ -05本筆］

whose のところでも説明しましたが，限定用法の関係詞については**「関係詞を使わずに（シンプルに）表現できないか？」**という視点も重要です。いくつか例を挙げます。

(1) 和文 私の父には弁護士の友人がいる。
　　英訳 ○ (a) My father has a friend who is a lawyer.
　　　　 ○ (b) My father has a lawyer friend.
　　　　＊(a) は正しい文だが，(b) も可能。
(2) 和文 私たちが乗る予定だった電車が遅れている。
　　英訳 ○ (a) Our train has been delayed.

205

△ (b) The train (that) we were going to take has been delayed.
　　＊(a)の方がはるかに自然。our train が「私たちが所有する電車」の意味に解釈されることは（常識的に考えて）ない。同様に「私が通っている学校」は my school，「私たちが泊まっているホテル」は our hotel でよい。
(3) 和文 日本は海に囲まれた国だ。
　　英訳 ○ (a) Japan is surrounded by the sea.
　　　△ (b) Japan is a country that is surrounded by the sea.
　　＊(b)でも悪くはないが，日本が国であることは周知の事実だから，わざわざ Japan is a country と言う必要はない。

2　the way は「関係副詞」ではない

文法の授業では，表8-5のように教えるのが一般的です。

表8-5　従来の関係副詞の指導

先行詞	時	場所	理由	（なし）
関係副詞	when	where	why	how the way

＊限定用法に関する説明。継続用法は 3 を参照。

　when・where・why については次ページの表8-6の点も知っておく必要があります。
　これらの形を含めてⓇ・Ⓢ中の例を見ていきます。

表8-6 先行詞または関係副詞の省略，that による代用の可否

	when	where	why
先行詞の省略	△	△	○
関係副詞の省略	○	△	○
that による代用	○	×	○

＊○＝原則的に可，△＝可だが制約あり，×＝不可

[A] when

when を that で代用した例を含めてまとめると，表8-7のようになります。

表8-7 関係副詞 when と代用の that の使用頻度

	Ⓡ	Ⓢ	計
先行詞＋when	12	1	13
先行詞＋that	3	0	3
先行詞のみ	2	1	3
when のみ	2	0	2

例は次のとおりです。

⑧ There were some days **when** I walked 15 to 20 kilometers in pouring rain.
（私はどしゃぶりの雨の中を15〜20キロ歩く日もあった）［Ⓡ-16 追筆］
＊先行詞は age, day, period, time, vacation など。

⑨ This is the first time **that** a genetic difference between humans and other primates has also been linked to fossil bones.

(このとき初めて，人間と他の霊長類との遺伝的な違いが化石の骨にも見られた）［Ⓡ -06追筆］

＊ when を that で代用した他の2件は，the years that …，at the same time that …。

⑩ That was **when** my uncle realized that it is now possible to obtain a university education on the Internet.

(そのときおじは，今ではインターネットで大学教育を受けられるということを知った）［Ⓡ -09追筆］

＊ the time when の the time は省略可能。

⑪ Today was the big day ― **the day** I finally went out with Y.

(今日は，ついにYくんとデートした大切な日だった）［Ⓡ -12追筆］

＊ the day の後ろに when が省略されている。

[B] where
when と同様に集計すると，表8-8のようになります。

表8-8 where の使用頻度

	Ⓡ	Ⓢ	計
先行詞＋where	20	10	30
where のみ	1	2	3

＊「先行詞のみ」の例はなし。

⑫ Another approach is to create social situations **where** she can be the center of attention.

(別の方法は，（友人のいない）彼女が関心の中心になりうる社会

的状況を作り出すことです）[Ⓡ-15本筆]
　＊where ＝ in which。先行詞が「場所」以外の例。
⑬ Hannibal is **where** Mark Twain grew up and it's the town he used in his story.
（ハンニバルはマーク・トゥエインが育ったところで，自分の物語で使った町です）[Ⓢ-13追筆]
　＊the place where の意味。この the place は省略可能。

この章の冒頭の問いを再掲します。

(1) This is the house <u>where I was born</u>.
(2) This is the house <u>that I was born</u>.
(3) This is the house <u>I was born</u>.
(4) This is the house <u>I was born in</u>.

when・why は原則として that で代用できますが，where の代わりに that を使うことはできません。したがって(2)は誤りです。また，where は原則として（先行詞が place でない限り）省略できないので，(3)も誤り。正解は「<u>(1)(4)**が正しい**</u>」です。
　なお，次の文（G5から引用）の where は接続詞です。

(5) Can we talk **where** it's more private?
　（話はもっと静かで落ち着いた場所でしませんか）

[C] why
　why はしばしば先行詞（reason）を省いて使います。次ページの表8-9を見てください。
⑭ There are several **reasons why** salt was used as money.

表8-9 why の使用頻度

	Ⓡ	Ⓢ	計
reason＋why	4	0	4
why のみ	4	2	6

＊why を that で代用した例，reason の後ろに why が省略された例はなし。

（塩がお金として使われたいくつかの理由がある）［Ⓡ-15本筆］

⑮ "Wow, does that wallet fit in your pocket?" "Barely. That's **why** I need a new one."

（「わあ，そのサイフは君のポケットに収まるの？」「どうにかね。だから新しいのが必要なの」）［Ⓢ-14追リ］

＊ why で始まる節が目的語の働きをするときは，why は疑問詞と考える（例：I don't know why he didn't come.）。したがって先行詞が省略された why は，be 動詞の補語になる形（this/that/which is why …）のみ。Ⓒにも that's why …の出題例が2件ある。

[D] how / the way

関係副詞の how は多くの文法書に this/that is how …の形がありますが，この形はⓇに1件あるのみです。

⑯ It is really important to have a sharp focus in one's studies, but many students enter college each year with no precise idea of what they want to do in the future. I suppose that's **how** I was when I entered college.

（自分の研究に明確な中心を持つことは本当に大切だが，多くの学生は将来何をしたいかについて正確な考えを持たずに毎年大学

に入る。私が大学に入ったときもそんなふうだったと思う）
[Ⓡ-07追筆]
* how = the way だが,「方法」ではなく「様子, 状態」の意味（How are you? の how と同じ）。

自由関係詞（先行詞を持たない関係詞）という言葉を使えば, 次のように説明できます。

・**what/how** は常に**自由関係詞として使う**。
・**where/when/why/who** は**自由関係詞としても使う**。

自由関係詞節は間接疑問と同じだとも言えます。

英文　I don't know **where** he lives.
和訳　(1) 私は彼が<u>どこに住んでいるか</u>を知らない。
　　　(2) 私は彼が<u>住んでいる場所</u>を知らない。

where を疑問詞とみなせば(1)のように訳すのが普通ですが, ⑬と同様の自由関係詞（where = the place where）と考えれば(2)のように訳せます。
how の例をもう1つ見てみましょう。

⑰ Pop singers are often judged as much on the basis of **how** they look as **how** they sound.
（流行歌手は音楽性と同じくらい外見に基づいて評価されることが多い）[Ⓡ-16本筆]
* how は疑問副詞と考えることもできるし, how = the way だから⑰の how と同じものだとも言える。

一方 the way は，次の例のように使います。

|和文| 私は彼の話し方が好きだ。
|英訳| (a) I like **the way** he speaks.
　　　(b) I like **the way that** he speaks.
　　　(c) I like **the way in which** he speaks.

「(a)の the way は関係副詞（に準ずる），(b)(c)の the way は名詞」とも説明できますが，これらを1つの表現のバリエーションと考えれば次の説明も可能です。

・<u>**the way** S V</u> の下線部は名詞であり，後ろに関係副詞 (**that**) が省略されている。

Ⓡ・Ⓢ中の件数と具体例を示します。次ページの表8-10を見てください。

⑱ So, are there **ways** we could improve the safety of cyclists in the city?
（では，私たちが都市で自転車に乗る人々の安全を高められる方法はありますか）［Ⓢ-14追筆］
＊ ways は how で置き換えられないので，ways（名詞）の後ろに関係詞が省略されていると考えられる。

⑲ They loved the rainforest and used its resources in **a way that** did not destroy it.
（彼らはその雨林を愛し，その資源を破壊しないような方法で使った）［Ⓡ-08本筆］
＊ a way that は how で置き換えられない。

表8-10 (the) way の使用頻度

	Ⓡ	Ⓢ	計
(the) way(s) S V	7	5	12
(the) way(s) that S V	3	1	4
(the) way(s) in which S V	2	1	3

以上から、一般に関係副詞と呼ばれている語の使い方は表8-11のように説明できます。

表8-11 関係副詞の使い方

	前に名詞（A）がある	前に名詞がない
when S V	S が〜する A	S が〜する時
where S V	S が〜する A	S が〜する場所
why S V	S が〜する理由	S が〜する理由
how S V	―	S が〜する方法／様子

＊継続用法の意味は**3**を参照。(the) way(s) S V の下線部は名詞であり、関係詞ではない。

3 　継続用法の関係詞は「補足説明」の働きをする

　継続用法で使う関係詞を、限定用法の件数と比較して示すと次ページの表8-12のようになります。

　これを見ると、**which の例は限定用法よりも継続用法の方が多い**のが特徴的です。

　継続用法の who と which については、関係詞節中での働きで分類してみました。表8-13を見てください。

表8-12 継続用法の関係詞の使用頻度

	Ⓡ	Ⓢ	計	限定用法
who	19	5	24	98
which	58	7	65	37
when	9	1	10	14
where	12	0	12	33

＊2語以上がまとまって1つの関係詞の働きをしているもの（例：in which, both of which）は除く。

表8-13 継続用法の who, which と関係詞節中での働き

	主格	目的格	計
who	24	0	24
which	62	3	65

＊Ⓡ・Ⓢの別は省略。主格の which には連鎖関係詞節（1件）を含む。

上表から，**継続用法の関係代名詞は主格の働きをするのが基本**だと言えます。

⑳ I did these two things every time I was able to go into a town, **which** was not often.
（私は町へ行けるたびにこの2つのことをしたが，その機会は多くなかった）［Ⓡ-16追筆］
＊前の内容を先行詞とする which は，これを含め13件。

また，2語以上のフレーズが継続用法の関係詞として働く例が，Ⓡに11件，Ⓖに1件あります。

21 I was used to the familiar bilingual dictionaries, **in which** the entries are in English and their equivalents are given in Japanese.
(私はよく知っている2言語を使った（英和）辞典に慣れており，そこには英語とそれに対応する日本語が入っていた）〔Ⓡ-09本筆〕
　＊このほかⓇ・Ⓢ中に in which が1件，for whom が1件。また〈whose＋名詞〉が1件（→26）。

22 People of African origin, **many of whom** came to the island as slaves, were mostly excluded.
(多くは奴隷としてその島に来たアフリカ系の人々は，ほとんどが（カーニバルの行事から）排除されていた）〔Ⓡ-13本筆〕
　＊このほか〈A＋前置詞＋which/whom〉の形がⓇ・Ⓢ中に6件，Ⓖに1件（→24）。

23 Susan used all her savings to pay for a demo tape, **copies of** (　) she later sent to several music companies.
① that　② what　③ **which**〔正答〕　④ whose
(スーザンはデモテープの代金を払うのに貯金をすべて使い，そのコピーを後でいくつかの音楽会社へ送った）〔Ⓖ-12追筆〕

なお，文法の授業ではしばしば「継続用法の関係詞は and を使って言い換えられる」と説明しますが，それは不十分です。**関係詞節が前の名詞に補足説明を加える働きをするケースの方が多く，それらは and では言い換えられません。**いくつか例を挙げます。

24 But the person who moved me the most was Mary, a retired teacher, **who** was doing the hike in memory of her

husband, **who** had loved the outdoors all his life.

(しかし私を最も感動させた人物は退職した教師のメアリーであり,彼女は生涯アウトドアを愛した夫を追悼して徒歩旅行をしていた)［Ⓡ-16本筆］

＊継続用法の関係詞節が前の名詞に補足説明を加えている。第7章（→ p. 199）も参照。

㉕ Ancient Mesopotamians, **whose** system of time we have adopted, are believed to have used a base-60 system.

(我々が採用している時間のシステムを持っていた古代メソポタミア人は,60進法を使っていたと信じられている)［Ⓡ-14追筆］

㉖ It is hard to believe that Martin's team, [**which** / was / said / to / be] unbeatable, should lose in the first round.

(無敵と言われていたマーチンのチームが1回戦で負けるとは信じがたい)［Ⓖ-01追筆］

㉗ In winter, for example, **when** the days are short, you need to know where you're going and what you want to photograph.

(たとえば日が短い冬には,行く場所と写真に撮りたいものを知る必要がある)［Ⓡ-10本リ］

＊カメラマンの心得に関する助言の一節。when で始まる節は winter に補足説明を加えている。「冬のうちで日が短いとき」の意味ではない。

㉘ The leading prefecture was Kagoshima, **where** more than 40 percent of the people had some volunteer experience.

(首位の県は鹿児島であり,県民の40％以上が何かのボランティアを経験していた)［Ⓡ-06本筆］

＊where 以下は Kagoshima の補足説明であり,and there の意味ではない。

一方，次の例では関係詞節が and で言い換えられます。

㉙ After that, we went to the coffee shop at the station, **where** we sat and talked for two hours!
（そのあと，私たちは駅で喫茶店に入り，そこで座って2時間も話した！）［Ⓡ -12追筆］
＊where は and there の意味。この where 節を「副詞の働き」と考えれば，p. 200の表にはすべて○が入る。

つまり**継続用法の関係詞には，先行詞に補足説明を加える場合**（㉘）と，**and で言い換えられる場合**（㉙）**とがある**ということです。この性質は分詞構文と共通しています（→ p. 195）。

4　what S was は「S の人格」を表さない

関係代名詞の what は61件あります（Ⓡ 37・Ⓢ 24）。そのうち名詞節を作る55件を細かく分類すると，次ページの表8-14のようになります。

㉚ **What** is remarkable about these poems is that they are often passed down orally from one generation to another in the home.
（これらの詩について注目すべきことは，それらがしばしば家庭のなかで世代から世代へと伝えられるということである）［Ⓡ -11本リ］
＊表中の①の例。what で始まる節は（2つ目の）is の主語の働き，その節中で what は is の目的語の働き。いわゆる擬似分裂文。

㉛ I'm sure that whether there is a dress code or not, my friends will wear **what** they know is fine and appropriate

表8-14 関係代名詞 what の文中, 節中での働き

節中の what \ 文中の what 節	Sの働き	Oの働き	Cの働き	計
Sの働き	6①	7②	2	15
Oの働き	7	26③	7	40
計	13	33	9	55

＊「Oの働き」には前置詞の目的語の働きも含む。what が関係代名詞・疑問代名詞（間接疑問）の両方に解釈できる場合は集計対象としない。また what is called およびそれに類する表現（4件）は慣用表現とみなし，集計対象としない。

in school.

（服装規定があってもなくても，友人たちは学校では問題がなく適切だとわかっている服をきっと着るはずです）[Ⓡ-08本筆]

＊表中の②の例。what で始まる（連鎖関係詞）節は wear の目的語の働き，その節中で what は is の主語の働き。

32 The ancient Romans would be amazed at **what** we now know about our solar system.

（古代ローマ人は，私たちが現在太陽系について知っていることに驚くだろう）[Ⓡ-13追筆]

＊表中の③の例。what で始まる節は at の目的語の働き，その節中で what は know の目的語の働き。

関係代名詞の what は入試の文法問題でも非常によく問われ，Ⓖには12件の例があります。そのうち1つは次の問いです。

33 "What are some of the reasons for your successful

career?" "Mainly, I [owe / **what** / **I** / **am** / to] my uncle. He was the one who would always help me when I was in trouble.

(「あなたの出世のいくつかの理由は何ですか」「現在の私があるのは主に叔父のおかげです。彼は私が困ったときはいつも助けてくれる人でした」）[Ⓖ-13本筆]

* このほか A is to B what C is to D.（A の B に対する関係は C の D に対する関係と同じだ）の形が1件。残りの10件は what の基本的な用法を問うもの。

この種の表現を教える際には，次の点に注意が必要です。

英文 She is different from <u>what she used to be</u>.
和訳 ○(1) 彼女の境遇は以前とは違う。
　　 ×(2) 彼女の人柄は以前とは違う。

つまり〈what S is〉型の表現は，**人の人格ではなく地位・財産・能力・美貌などを意味する**ということです。上の例文は「彼女は以前ほど金持ち［美人］ではない」などの意味では使えますが，「彼女は人が変わった」という意味にはなりません。34の what I am は，文脈から「現在の私の地位」などの意味に解釈できます。なお p. 211で説明したとおり who には自由関係詞（the person who）としての用法があるので，次のような表現は可能です（G5から引用）。

(1) I don't know what happened to him. He is not **who he was** ten years ago.
（何があったのかは知らないが，彼は10年前とは人が変わってし

まった）

また，2017年度本試験に次の文があります。

(2) For most people, their friendships are a valuable and important part of **who they are**.
（ほとんどの人々にとって，友情は自分の人格の貴重で重要な一部である）

5 関係詞のその他の用法

ここまでの説明以外のいくつかの学習項目についても触れておきます。

[A] 連鎖関係詞節

the man who I thought was my friend（私が友人だと思った男）のような形です。Ⓡに6件，Ⓢに3件，Ⓖに1件あります。

㉞ Now they want to try fishing in an area **which they hear** is really nice and where they can catch wonderful salmon.
（今彼らは，本当にすばらしく，見事なサケが釣れると聞くある場所で釣りをしてみたいと思っている）［Ⓡ -08本筆］
　＊Ⓡ・Ⓢの9件の関係詞の内訳は，which (4)，that (3)，what，接触節。who の例はない。

㉟ I have a house **that I'm sure** you'll love.
（私はあなたがきっと気に入る家を持っています）［Ⓢ -07追筆］
　＊連鎖関係詞節中の動詞・形容詞に続く that は常に省略する。a house that I'm sure that you'll love は誤り。

㊱ Many people criticized me, but I did **what** (　　).

① I thought I was right
② I thought it was right
③ **I thought** was right〔正答〕
④ I was thought right
(多くの人が私を批判するが,私は自分が正しいと思うことをした)〔Ⓖ-96本筆〕

[B] 複合関係詞

複合関係詞および〈no matter＋疑問詞〉の件数は表8-15のとおりです。

表8-15 複合関係詞の出現件数

	Ⓡ	Ⓢ	Ⓡ+Ⓢ	Ⓖ
whatever	6	1	7	1
however	0	0	0	4
no matter how	0	2	2	0
whoever	0	0	0	1
whichever	0	0	0	1
wherever	1	0	1	0

ever は「(たとえ)どの時を選んでも (at any time)」の意味であり,疑問詞を強調する場合にも使います。

(1) **Who ever** is knocking on the door?
　　(ドアをノックしているのは一体誰だ)

そこから次のような表現が生まれるのは,自然な連想と言える

でしょう。

(2) **Whoever** knocks on the door, don't open it.
（誰がドアをノックしても，開けてはいけない）
＊「ドアをノックするのは一体誰なのか→それは関係ない。たとえ誰であっても開けてはいけない」ということ。

つまり〈疑問詞＋ever〉には「譲歩」の意味が内在しています。それを念頭に置き，複合関係詞を2つに分けて説明します。

① **複合関係代名詞/形容詞**
たとえば whatever は，次のように訳し分けるよう指導するのが一般的です。

・名詞節：「～するものは何でも」
・副詞節：「たとえ何が［を］～しても」

しかし，両者の原義は同じです。ever は「譲歩」の意味を持つので，名詞節であっても「たとえ～でも」の意味が含まれています。

37 The cat apparently decided that I, the big brother, would be a more dependable master than my sister. It began communicating this to me in the evenings by jumping up on my desk and sitting on top of **whatever** homework I happened to be doing.
（そのネコは兄である私の方が妹よりも頼れる主人になるだろうと決めたようだった。晩になると，私がたまたまどんな宿題をし

ていようと，ネコはその上に飛び乗ってそのことを私に伝え始めた）[Ⓡ -06追筆]

＊ whatever homework ＝ any homework that

38 It's not only her friends that Ms. Kinoshita is kind to. She helps (　　) needs her help.

① those　② whatever　③ **whoever**〔正答〕　④ whom

（木下さんは友人だけに親切なのではない。彼女は自分の助けが必要な人なら誰でも助ける）[Ⓖ -98本筆]

＊ whoever ＝ anyone who だが，「たとえ［一体］誰であれ（その人が）助けを必要としていれば」ということ。

② 複合関係副詞

whenever・wherever は，表8-16に挙げられているような意味で使います。

表8-16 whenever・wherever の意味

	(a) 複合関係副詞	(b) 接続詞
whenever	たとえいつ〜でも (=no matter when)	〜するときは いつでも
wherever	たとえどこで［へ］〜でも (=no matter where)	〜するところ ならどこでも

Ⓡ・Ⓢ中の例を見ると，whenever は8件ありますがすべて(b)の意味であり，(a)の例は0件です。wherever は1件だけあり，(a)の意味です。

39 **Wherever** you find them, these long-haired rabbits live five to seven years when kept indoors and cared for

properly.

(どこで見つけても，この長い毛のウサギは室内で飼って適切に世話をすれば5～7年生きる）［Ⓡ-13本リ］

＊ wherever ＝ no matter where

however は文法問題で好まれ，Ⓖに4件あります。

㊵ Don't listen to Joe (　　) much he complains.
① **however**〔正答〕　② whatever　③ so　④ how
（どんなに不平を言っても，ジョーの言うことに耳を傾けてはいけない）［Ⓖ-06追筆］

一方〈no matter＋疑問詞〉の形は，次のように考えることができます。

(1) It is <u>no matter how busy you are</u>.
（君がどれほど忙しいかは問題ではない）
(2) <u>No matter how busy you are</u>, you should see a doctor.
（君がどれほど忙しいかは問題ではなく［たとえどんなに忙しくても］，医者にみてもらうべきだ）
＊(2)は，(1)の下線部が副詞の働きをするようになったもの。また(1)の matter が動詞化して，It <u>doesn't matter</u> how busy you are. という形が生まれた。

㊶ **No matter how** many friends you have, your problems can't be solved unless you have someone you can trust.
（たとえどんなに友人が多くても，信頼できる人がいなければあなたの問題は解決できません）［Ⓢ-09本筆］

第8章 関係詞

以上のように複合関係詞は，**everやmatterの原義に立ち返って理解させる**ことが大切です。

[C] 前置詞＋関係代名詞

最初に，Ⓡ・Ⓢ・Ⓖ中の件数を示します。表8-17を見てください。

表8-17 〈前置詞＋関係代名詞〉の出現頻度

	Ⓡ	Ⓢ	Ⓡ＋Ⓢ	Ⓖ
前置詞＋which	12	3	15	3
前置詞＋whom	0	0	0	0

＊前置詞の前に（代）名詞が置かれた形（例：both of which）は除く。

〈前置詞＋whom〉の形は１件もなく，普通の文章や会話ではあまり使われないことがわかります。以下は〈前置詞＋which〉の例です。

㊷ A sustainable society is one **in which** people use natural resources carefully, always thinking about how to replace them.
（持続可能な社会とは，人々が天然資源を取り替える方法について常に考えながら注意深く使う社会である）［Ⓡ-08追筆］
＊Ⓡ・Ⓢの15件中，in which が10件。うち３件は (the) way (s) in which。また２件は継続用法。

㊸ Over the past 12 to 15 years, the amount and types of data available on the Internet and, in particular, the speed **at which** we can process the data, have increased to an extent few people could have imagined.

（ここ12〜15年で，インターネットで入手できるデータの量と種類，特にデータを処理できる速度は，ほとんど誰も想像できなかったほど増加した）〔Ⓡ-08本筆〕

＊at the speed（その速度で）をもとにした形。

44 The professor sternly told the student, "Read the passage (　　) I referred in my lecture."

① that　　② to that　　③ **to which**〔正答〕　　④ which

（「私が講義で触れた一節を読みなさい」と，教授はその学生に厳しく言った）〔Ⓖ-94追筆〕

＊話し言葉では Read the passage I referred to [mentioned] in my lecture. が普通だが，to which の形を問うためにあえて堅苦しい状況を想定している。

44からも推測できるとおり，普通の会話では〈前置詞＋which〉の形は避けるのが無難でしょう。

6　関係詞の指導に当たっての注意点（まとめ）

この章の説明のうち，特に注意すべき点をまとめると次のようになります。

① 限定用法の関係代名詞については，アウトプット用の知識としては「接触節（O+S+V）」「人+who+V」「人以外+that+V」の3つを覚えておけばほぼ間に合う。
② 関係代名詞を使わずに表現できるなら，その方がよい。特に whose・whom はなるべく使わない。
③ 関係副詞の when・why は that で代用できるが，where は that で代用できない。
④ 〈the way S V〉の the way は名詞と考える方がよい。

⑤ 継続用法の関係詞が先行詞に補足説明を加えるときは，and では言い換えられない。
⑥ what S was は「以前の S の人格」の意味ではない。
⑦ 複合関係詞は ever・matter の原義と関連づけて説明するのがよい。

第9章　接続詞
―情報構造と適切な接続詞の使い方―

　この章では等位接続詞（and など）は省略し，従属接続詞に絞って説明します。たとえば「理由」「時」「譲歩」などを表すとき，どの接続詞をどのような形を使うことが多いかを，情報構造を加味しながら分析していきます。

> **問題**
> 次の和文の下線部を英訳してください。
> <u>祖父が生まれたのは1945年だ。</u>その年に太平洋戦争が終わった。
>
> In that year the Pacific War ended.
>
> 〈正解は p. 235〉

　この章では，**1**・**2**で名詞節を作ることのできる that（強調構文も含む）・whether を取り上げ，**3**〜**5**では副詞節を作るいくつかの従属接続詞の例を見ていきます。**6**はまとめです。
　最初に，従属接続詞の件数を多い順に示しておきます。次ページの表9-1を見てください。

1　that 節は動詞の目的語として使うことが多い

　that にはさまざまな用法があり，どんな使われ方をしているか

表9-1 従属接続詞の出現頻度

	Ⓡ	Ⓢ	Ⓡ+Ⓢ	Ⓖ
that	309	106	415	1
when	146	55	201	0
if	82	59	141	4
because	57	41	98	0
as	77	9	86	0
while	60	11	71	2
though/although	47	15	62	1
after/before	24	3	27	1
whether	21	3	24	2
since	8	6	14	1
until	8	2	10	3
once	6	1	7	0
now that	3	2	5	0
as long as	1	3	4	0
as if	0	1	1	0
unless	0	1	1	2
その他	0	0	0	3

＊if には even if，though には even though を含む。Ⓖの「その他」は every time, in case, in order that。

を判断する必要があります。その観点から，Ⓡ・Ⓢ中に出てくる関係詞の that と接続詞の that を一覧にしてみました。次ページの表9-2を見てください。

表9-2 関係詞の that と接続詞の that の出現頻度

品詞・用法		Ⓡ	Ⓢ	Ⓡ+Ⓢ	Ⓖ
関係詞	関係代名詞	112	46	158	2
	関係副詞	7	0	7	0
接続詞	Oの働き（動詞＋that …）	209	62	271	0
	Cの働き（S is that …）	24	14	38	1
	相関接続詞（so ～ that …など）	25	5	30	7
	形式主語構文（It is ～ that …）	16	12	28	0
	同格節を作る（名詞＋that …）	17	2	19	0
	形容詞に続く（be sure that …など）	5	5	10	0
	It seems that …など	4	4	8	0
	強調構文（It is ～ that …）	5	0	5	3
	形式目的語構文（V it C that …）	1	0	1	2

このように that には非常に多くの用法がありますが，最も多いのは I think that … のような〈他動詞＋that〉の形（47％）で，関係代名詞の that（27％）がそれに続いています。接続詞の that の例をいくつか示します。

[A] 名詞節を作る that
　that「～ということ」で始まる名詞節は，文中でS・O・Cの働きをします。that 節がSとして文頭に置かれた例はⓇ・Ⓢ中になく，It is ～ that …の形は28件あります。それらは次の2種類に大別できます。

　① It is＋過去分詞＋that ～型（12件）

② It is ＋形容詞・名詞＋ that ～型（16件）

また，S is that …（S は…ということだ）の形は38件あり，よく使われることがわかります。

1. **It is thought that** elephants with their trunks pointing upwards will keep luck within the house.
  （鼻が上向きの象は家内に幸運を保つと考えられている）[Ⓡ -06 本筆]
  ＊この形については p. 77 を参照。

2. Whatever our opinions about the effects of portable electronic devices, **it is clear that** our lives can be affected by using them.
  （携帯電子機器の影響に関する私たちの意見がどうであれ，私たちの生活がそれらを使うことによって影響を受ける可能性があるのは明らかです）[Ⓢ -08追筆]
  ＊この形で使われている形容詞・名詞は，true (5), clear (4), good, important, a shame など。

3. Another advantage of a manual can opener **is that** it will last for years without any maintenance.
  （手動の缶切りの別の利点は，何も手入れをしなくても何年も長持ちするということだ）[Ⓡ -14追筆]
  ＊この形の S となるのは，problem, reason, trouble, what で始まる節など。

[B] 相関接続詞の一部として使う that

Ⓡ・Ⓢ中に30件あり，内訳は次のとおりです。

① so ～ that … (非常に～なので…) (15件)
② so (that) S … (Sが…する［できる］ように) (13件)
③ such ～ that … (非常に～なので…) (2件)

4 I'll share my experiences and make recommendations **so that** you might get some ideas about how to create the best schedule for yourself.
(皆さんが自分にとって最善の予定を立てる方法についてのアイデアを得られるよう，私の経験を伝えて助言をしようと思います) [Ⓡ-13追筆]
＊ G5によれば，この形で may/might を使うのは《正式》。

なお，Ⓖには次の形があります。

5 Before you rent an apartment, find out as much about it [as possible / **in order that** / there / will be / no] misunderstanding.
(アパートを借りる前に，誤解が生じないようにそれについてできるだけ多くのことを調べなさい) [Ⓖ-93本筆]
＊ G5によれば「so that … can [could] do よりも堅い言い方」。

[C] 同格節を作る that
Ⓡ・Ⓢ中に19件あります。

6 Her fear was based on her **belief that** such a big and heavy machine should not be able to fly in the air.
(彼女の恐怖心は，そんなに大きくて重い機械［飛行機］に空を飛ぶことができるはずがないという信念に基づいていた) [Ⓡ-16

追筆]
  ＊同格の that 節の前の名詞は，fact（7），feeling（2），idea（2）など。

〈名詞＋同格の that 節〉の形では，〈名詞 is that …〉の関係が成り立ちます。たとえば the fact that …（…という事実）は，The fact is that …（事実は…ということだ）という関係をもとにした言い方です。G5では，この形で使う名詞について「**発言・思考（作用）・知識・心理（作用）などの意味を持つ語が多い**」と説明されており，主な名詞のリストがあります。たとえば excuse（言い訳）はそのリスト中にありませんが，「発言」の一種だから次のような形は可能です。

(1) I can't believe his **excuse that** he had a cold.
　（かぜをひいていたという彼の言い訳は信じられない）

[D] 強調構文
　Ⓡ中に it is ～ that …の形が4件，it is ～ who …の形が2件あります。

7 The inventor wanted to produce a chair that could be mass-produced and was inexpensive, but **it was** only after many trials **that** he finally succeeded in making one.
（発明者は大量生産が可能で低価格のいすを製造したかったが，多くの試行を重ねた末についにそれを作るのに成功した）[Ⓡ-11 追筆]

指導上の観点から言えば，**強調構文は基本的にインプット（読**

む・聞く）の知識としては必要ですが，アウトプット（書く・話す）の知識としては**不要**と考えておくのが無難です。

Ⓖの例を1つ挙げます。

8 (　　) in 1912 **that** the Titanic sank during her first voyage.
① It being　　　② **It was**〔正答〕
③ When it is　　④ When it was
（タイタニック号が最初の航海で沈んだのは1912年だった）
［Ⓖ-95追筆］

この問いの文を利用して，強調構文の意味と使い方を確認してみましょう。

(1) The Titanic sank in 1912.
　　 旧情報　　　　 新情報
(2) It was in 1912 that the Titanic sank.
　　　 新情報　　　　　　　　旧情報

文法の授業では「(1)の in 1912 を強調するには(2)の形を使う」と説明するのが一般的ですが，上のとおり(1)と(2)は情報構造が逆になっています。また，「焦点の部分は，「yではなくて，xなのだ」というふうに，常に否定された対照要素が含意されている」（『現代英文法講義』p. 770）という点も重要です。これらのことから，(2)は次のように説明できます。

① 読み手は「タイタニック号は沈んだ」という予備知識を（文脈または一般常識によって）持っている（と書き手は考えてい

る)。
② in 1912は「他の年ではなく1912年だ」という意味（この文の目的はそれを強調すること）である。

したがって，これらの条件を満たさない文脈（たとえば文章の冒頭）で(2)を使うと唐突に響きます。この章の冒頭の問いも同様です。

|和文| 祖父が生まれたのは1945年だ。その年に太平洋戦争が終わった。

|英訳| ○ (a) My grandfather was born in 1945. In that year, the Pacific War ended.（正解）

× (b) It was in 1945 that my grandfather was born. In that year …

(b) は文法的には間違っていませんが，強調構文を使う必然性がありません。たとえ和文が「～のは…だ」であっても，強調構文は「**y ではなく x だ**」と言いたいときに限り使うべきです。それはたとえば次のような場合です。

(3) "Are you going to meet John tomorrow?" "No, **it's** Bill (**that** [**who**] I'm going to meet)."
（「明日はジョンに会うの？」「いや，（ぼくが会うのは）ビルだよ」）

(4) "The fridge door was left open." "**It's** not me (**that** [**who**] left it open)."
（「冷蔵庫のドアが開けっぱなしだったわよ」「ぼくじゃないよ」）

たとえば(3)では「ジョンではなくビルだ」と言いたいので強調

構文を使っています。ただし that 以下は同じ言葉の繰り返しになるので、省略する方が普通です。このように強調構文の that の後ろには旧情報が置かれることを考えると、〈It is ～ that …〉という形を使わねばならないケースはかなり限られます。「書いたり話したりするときは、強調構文を使う必要はない」と指導するのが賢明でしょう。

2　whether は名詞節を作ることが多い

節の種類で分けると表9-3のようになります。

表9-3　whether の使用頻度

	Ⓡ	Ⓢ	Ⓡ+Ⓢ	Ⓖ
名詞節	16	3	19	2
副詞節	5	0	5	0
[参考] if（～かどうか）	5	10	15	1

⑨ I'm sure that **whether** there is a dress code or not, my friends will wear what they know is fine and appropriate in school. Teachers should trust us to be able to determine **whether** or not the clothes we decide to wear are appropriate.
（服装規定があってもなくても、友人たちは学校では問題がなく適切だとわかっている服をきっと着るはずです。先生方は、自分が着ようと決めた服が適切かどうかを判断する能力が私たちにあると信じるべきです）[Ⓡ-08本筆]
＊whether 節は第1文では副詞節、第2文では名詞節。

「～かどうか」の意味は**書き言葉**では **whether**、**話し言葉**では

if で表すことが多いと言えそうです。

⑩ We need some time to check **if** all the slides are OK.
　（全部の（映写用）スライドに問題がないかどうかを調べるのに
　いくらかの時間が必要です）[Ⓢ -10本リ]
　＊この意味のifの前の動詞は，wonder（8），see（3），check（2），
　　know，mind。

❸　理由を表すには because を使うことが多い

　理由を表す3つの接続詞の件数を，主節との位置関係に応じて分類してみました。表9-4を見てください。

表9-4　理由を表す接続詞の出現頻度

接続詞	位置	Ⓡ	Ⓢ	計	総計
because	主節の前	13	3	16	96
	主節の後ろ	44	36	80	
as	主節の前	0	0	0	8
	主節の後ろ	7	1	8	
since	主節の前	3	1	4	11
	主節の後ろ	3	4	7	

＊because 節だけの文（2件）は除く。

この表から次のことが言えそうです。

・理由を表す接続詞のうち，最もよく使われるのは書き言葉でも話し言葉でも **because** である。

なお，G5の as の項に次の説明があります。

「as は多義なので，原因・理由であることを明確に示す場合には since や because で代用される」

　「as, since は旧情報となっている原因・理由を導き，because は新情報の原因・理由を相手に伝える働きをする。したがって，as 節や since 節は文頭に現れることが多く，because 節は主節の後に置かれることが多い。」

　Ⓡ・Ⓢ中の文を見ると，because については上の説明が当てはまります。しかし as と since も主節の後ろに置く例の方が多くなっています。それに関連して，修飾語の一般的な位置を考えてみます。

(1) <u>As I'm busy</u>, I can't come to the party.
　　（忙しいから，パーティーには行けないよ）
(2) I can't come to the party, <u>as I'm busy</u>.
　　（パーティーには行けないよ，忙しいから）

　(1)でも(2)でも，情報の中心は主節にあります。下線部は「君も知ってのとおりぼくは忙しいから」というニュアンスで，(1)では**前置き**，(2)では**付け足し（補足説明）**の働きをしています。また(2)は思考の流れの順に言葉が並んでいますが，(1)は文全体の構造を頭に描いてから発せられる文です。したがって両者を比べると，**(2)の方が口語的**だと言えます（この説明は分詞構文にも当てはまります（→ p.187））。同様に，because を使った例を1つ挙げてみましょう。

|和文| 「パーティーは楽しかった？」「実は行かなかったんだ，かぜをひいていたから」
|英訳| "Did you enjoy the party?" "Actually I didn't go,

because [△ as] I had a cold."

この例では「かぜをひいていた」は相手の知らない情報なので，as や since ではなく because を使うのが適切です。また，because 節を主節の前に置くのも不自然です。内容的には because 節は「付け足し」ですが，**会話では思いついた順に言葉を並べる**ので，because 節が後ろに置かれています。

以上の説明をふまえて，Ⓡ・Ⓢ中の例をいくつか見ておきます。

⑪ Americans have traditionally wanted to live apart from their parents, **as** personal independence is often thought to be very important.
（個人の独立が非常に重視されることが多いので，アメリカ人は伝統的に親と離れて暮らしたがる）［Ⓡ -09追リ］
＊まとまった文章の冒頭の文。意味から考えて主節が新情報の中心であり，as 以下は補足説明。As Americans often think that personal independence is very important, they have … parents. とも表現できる。

⑫ "I loved that!" "Yeah." "Let's go again **since** there's no line."
（「楽しかった！」「そうね」「また行こう［乗ろう］よ，（順番待ちの）列がないから」）［Ⓢ -06追筆］
＊遊園地の乗り物に乗った後の会話。思いついた順に言葉を並べている。

⑬ **Since** we will never reach universal agreement on all matters, it is important for us to try to respect the perspectives of others.

(私たちがすべての問題について全員の合意に達することは決してないだろうから、他人の物の見方を尊重しようと努めることが私たちにとって大切である)[Ⓢ-09追筆]

*⑫とは対照的に、文全体の形を思い描いてから書かれている。sinceで始まる節は「あなたも知っているとおり～」のニュアンス。

⑭ **Because** video games, television, and the Internet have become increasingly popular in recent years, children seem to be reading fewer books.

(テレビゲーム、テレビ、インターネットは近年ますます人気が高まっているので、子供たちが読んでいる本の数は減っているようだ)[Ⓡ-14追筆]

*最も言いたいこと(主節)を後ろに置くためにbecause節を前に出している。意味から考えてas, sinceでも代用できる。

⑮ Hitomi's point is it can be dangerous to live alone **because** you might become a crime victim.

(ヒトミさんの(意見の)要点は、犯罪の犠牲者になるかもしれないので一人暮らしは危険になりうるということですね)[Ⓢ-11追筆]

*言いたいことの中心はbecause節にあると考えられる。

4 譲歩を表すには although を使うことが多い

「～だけれど」の意味を表す接続詞の件数は、次ページの表9-5のとおりです。

この結果から、少なくとも今回分析した資料の中では次のことが言えそうです。

・「～だけれども」の意味を表すには、**although** を文頭に置く

表9-5 譲歩を表す接続詞の出現頻度

接続詞	位置	Ⓡ	Ⓢ	計	総計
though	主節の前	2	1	3	7
	主節の後ろ	2	2	4	
even though	主節の前	2	1	3	10
	主節の後ろ	1	6	7	
although	主節の前	37	5	42	44
	主節の後ろ	2	0	2	

ことが多い。

これに関して『ウィズダム』のthoughの項に次のような例文と説明があります。

(1) Jim failed the exam, though [although] he made an effort.
(ジムは努力したが，試験に失敗した)

「一般に，『主節＋従属節（though節）』は『従属節＋主節』の語順（Though [Although] he made an effort, Jim failed the exam.）をとることもあるが，althoughではどちらの語順も同じくらい用いられるのに対して，thoughでは前者が圧倒的。前者では「努力したのに」（従属節），後者では「試験に失敗した」（主節）のように文末に置かれた部分に意味上の重点がある。」

しかし筆者は，下線部の説明に疑問を感じます。p. 238の説明の延長で，従属節の位置と働きの関係は次のようにまとめることができると思います。

① 〈従属節＋主節〉のとき：主節に意味上の重点がある。従属節は「前置き」である。
② 〈主節＋従属節〉のとき：次の２つの場合がある。
  (a) 従属節に意味の重点がある（文末焦点の原理）。
  (b) 主節に意味の重点がある（従属節は「付け足し」）。

つまり(1) Jim failed the exam, though [although] he made an effort. は，②（b）の理屈で「ジムは試験に失敗したのだ，（もっとも）努力はしたのだが」という解釈も可能ではないでしょうか。次も同様です。

16 Emotional eating can leave behind feelings of guilt **although** eating due to physical hunger does not. Emotional hunger cannot be fully satisfied with food. **Although** eating may feel good at that moment, the feeling that caused the hunger is still there.
（感情を紛らすために食べることは，肉体的な空腹感によって食べる場合とは違って，罪悪感を残す場合がありうる。感情的な飢餓を食べ物によって十分に満たすことはできない。食べればそのときは気分がよいかもしれないが，飢えを引き起こした感情はなお残っているのだ）［Ⓡ -16本筆］
＊第１文は「主節＋従属節」だが，意味の重点は主節にあり，though 以下は「付け足し」と考えられる（つまり②（b）の例である）。第３文は「従属節＋主節」だから，意味の重点は主節にある。

このことは，他の従属接続詞にも当てはまります。when を含む例を２つ挙げます。

⑰ "In fact," Grandpa said, "I did not think he was real **when** I first saw him. When I moved closer, though, he turned slowly toward me and calmly looked directly into my eyes.
(「実は」と祖父は言った。「初めて見たとき,私は彼[ゴリラ]が本物ではないと思った。しかし近づくと,彼はゆっくり私の方を向き,静かに私の目を直接見つめた」)[Ⓡ-07本筆]
＊⑯と同様。第1文は「主節＋従属節」だが意味の重点は主節にあり,when 以下は「付け足し」。第2文は主節に意味の重点がある。

⑱ The term LOHAS, which stands for "Lifestyles of Health and Sustainability," was first introduced in Japan in 2002, **when Dr. Paul Ray and Frank Lampe were invited to speak at a symposium to discuss designing a sustainable society.**
(「健康と持続可能性」を表すロハスという言葉はが日本に最初に導入されたのは2002年であり,その年にポール・レイ博士とフランク・ランペが持続可能な社会の設計を議論するあるシンポジウムで演説をするために招かれた)[Ⓡ-08追筆]
＊下線部は,（1行目の which で始まる節と同様に）前の名詞に補足説明を加える働きをしていると考えればわかりやすい。when は「接続詞」「関係副詞」の両方の解釈が可能。いずれにせよ情報の中心は主節にあり,「when 節は文末にあるから新情報の焦点である」とは言えない（つまり②（b）のパターン）。

なお文頭で though よりも although が好まれるのは,強勢の違いも関係していると思われます。英文を読むときの基本的なリズムは「弱－強」の繰り返しなので,たとえば Thóugh I'm poor … よりも Althóugh I'm poor …の方が（最初に弱い音節が置かれ

ている分だけ）読みやすいと言えそうです。althoughという語はそういう目的で生まれた，と言ってもよいかもしれません。同じことはtillとuntilにも言えます。p. 229の表9-1にあるとおり接続詞のuntilはⓇ・Ⓢ中に10件ありますが，tillは0件です。

5 asは「様態」，whileは「対比」の意味が多い

ここでは，複数の意味を持つasとwhileを取り上げます。

[A] asは品詞にこだわらなくてよい

asの語源については，『ウィズダム』に次の説明があります。

「語源はalsoの弱形（=all so（全く同様に））で，そこから同等比較，様態，同時などの用法が生まれ，譲歩，理由・原因などの意味に広がった。」

asにはさまざまな意味がありますが，Ⓡ・Ⓢ中のasを意味で分類すると表9-6のようになります。

表9-6 asが使われる意味の分類

	Ⓡ	Ⓢ	計
様態（～のように［とおりに］）	36	7	43
時（～するとき［しながら］）	16	1	17
比例（～するにつれて）	17	0	17
理由（～なので）	7	1	8
前の名詞を限定（～するような）	1	0	1

このようにasの意味として最も多かったのは「様態」であり，「理由」の意味で使うことは比較的少ないと言えそうです。

またasは関係代名詞や前置詞としても使うため，後ろにさま

ざまな形を置きます。

⑲ One important factor was the growth of trade and the rise of merchant cities, **as** happened in Renaissance Italy.
（1つの重要な要因は，ルネサンス期のイタリアで起きたような，貿易の発達と商業都市の興隆だった）［Ⓡ-10本筆］
＊as は「様態」を表す。品詞としては関係代名詞だが，接続詞の as の仲間と考えてもよい。

⑳ **As** shown in the graph, a majority of the respondents in the EU considered peace important for them (61%).
（グラフに示されているとおり，EU の回答者の大多数は，自分にとって平和が重要だと考えていた（61%））［Ⓡ-11本追筆］
＊as shown は as is shown とも言える。これらの as の品詞を区別することには実用上の意味はなく，どの形であれ「〜のように［とおりに］」の意味であることがわかりさえすればよい。

一般に，英語では**品詞の転用**が頻繁に起こります。

(1) Our bus came <u>ten minutes</u> late.
（私たちの乗るバスは10分遅れて来た）
＊下線部は名詞句が副詞句に転用されたもの（副詞的目的格）。
(2) Be careful <u>when buying</u> goods online.
（オンラインで商品を買うときは注意しなさい）
＊下線部は when (you are) buying ではなく when you buy の意味に解釈するのが自然。つまり when buying の when は「〜のとき」の意味の前置詞の働きをしていると考えればよい。

したがって，たとえば「この as は関係代名詞か接続詞か？」

という疑問が生徒から出た場合は,「意味がわかればよい（品詞の違いにこだわる必要はない）」と指導するのが現実的には適切でしょう。

なお，その他の意味の as の例も見ておきます。

㉑ I laughed softly at myself **as** I remembered the first tiring day.
（最初の疲れのたまる一日を思い出しながら，私は自分をそっと笑った）〔Ⓡ -16追筆〕

＊as は「同時」の意味。

㉒ However, **as** consumers' needs are changing, designers are increasingly focusing on *visibility*, *feedback*, and *affordance* in an effort to make their products easier to use and thus more attractive.
（しかし消費者のニーズが変化するにつれて，デザイナーたちは自らの製品をより使いやすく，したがってより魅力的にするために，ビジビリティ，フィードバック，アフォーダンスにますます力を注いでいる）〔Ⓡ -11追筆〕

＊as は「比例」（または「理由」）を表す。この意味の as は，変化を表す語や比較級とともに使うことが多い。

㉓ Such software, when further developed, will preserve more and more of our lives **as** we actually live them.
（そのような（デジタル写真用）ソフトは，さらに開発が進めば，私たちが実際に送っている生活のより多くを保存するだろう）〔Ⓡ -08追筆〕

＊as 以下は前の lives の意味を限定している。

[B] while を使った文の情報構造

まず，意味に応じた件数を示します。表9-7を見てください。

表9-7 while が使われる意味の分類

	Ⓡ	Ⓢ	計
対比・譲歩（～だが（一方では））	38	0	38
時（～する間）	22	11	33

この表のとおり，「対比・譲歩」の意味の while は書き言葉で使うのが普通です。その意味の while 節を，情報構造の面から考えてみます。

(2) **While** I like soccer, Tom likes baseball.
　（私はサッカーが好きだが，トムは野球が好きだ）
(3) Tom likes baseball, **while** I like soccer.
　（トムは野球が好きで，一方私はサッカーが好きだ）

(2)の前半は，これまでに見てきた because や although と同様に「前置き」と考えられます。つまり意味の重点は後半（主節）にあります。

一方(3)の情報の重みについては「前半と後半が対等」「後半が重い」の２つの解釈が可能です。しかし「前半（主節）に意味の重点がある」という解釈は不自然です。**「主節」「従属節」は文構造に基づく呼び名であり，意味の主従関係を表すわけではありません。**この点の誤解がよく見られるので注意が必要です。具体例を見てみましょう。

㉔ However, **while** some conventions are almost worldwide,

others are more local. Electric light switches in Japanese homes mostly go from side to side, **while** in the USA and the UK most go up and down.

(しかし，一部の慣習はほぼ世界的に通用するが，より局所的なものもある。日本の家庭の電灯のスイッチはほとんど左右に動くが，米国や英国ではほとんどが上下に動く）[Ⓡ -11追筆]

＊第１文は(2)と同じ形で，後半に意味の重点がある。第２文は(3)と同じ形で，前半と後半に対等の重みがある。

これに関連して，when の例も見てみましょう。

(4) I lived in Osaka **when** I was a child.
　　（私は子どもの頃大阪に住んでいた）
(5) **When** I was a child, I lived in Osaka.
　　（子どもの頃には，私は大阪に住んでいた）

時を表す副詞（句・節）の無標の（一般的な）位置は文末なので，話題を切り出す状況では(4)が普通の言い方です。その場合は(4)の全体が新情報を提示する働きをしますが，文末焦点の原理により「when 以下に意味の重点がある」という解釈も可能です (When did you live in Osaka? に対する答えの場合)。

一方(5)は when 節が話題化（主語以外の要素を文頭に移動すること）されており，「子どもの頃について言えば」という意味を表します。したがって後半（主節）に意味の重点があります。接続詞ではありませんが，もう１つ例を挙げます。

㉕ What's more, I had no time to review my notes or readings right before class on those full days, and that

eventually hurt my test scores **as well as** my final grades. (しかも，授業が詰まっている日には授業直前にメモや読み物を復習する時間がなく，結局テストの点が，さらには最終成績も下がってしまいました）［Ⓡ-13追筆］
  * A as well as B は「Aの情報に重みがある」と説明されることが多いが，この文では内容から考えてBに意味の重点がある（文末焦点の原理が優先されている）。

たとえば「従属接続詞は後ろから訳す」という指導は最初のうちは有効ですが，発信の観点から言えば，**副詞句・節は位置に応じて情報の焦点が異なる**という点を意識させることも大切です。

6 接続詞の指導に当たっての注意点（まとめ）

この章の説明のうち，Ⓡ・Ⓢの頻度に基づいて指導に役立ちそうな情報をまとめると，次のようになります。

① **that** は関係詞・接続詞の両方で使うが，最も例が多いのは〈他動詞＋that 節〉の形である。
② **whether** は名詞節を作ることが多い。
③ 理由の意味では **because** を使うことが多い。
④ 譲歩の意味では **although** を文頭で使うことが多い。
⑤ **as** は様態（～のように［とおりに］）の意味で使うことが多い。as の品詞にはこだわらなくてよい。
⑥ **while** は書き言葉では対比の意味で使うことが多い。
⑦ 一般に〈従属節＋主節〉の形では，主節に意味の重点がある（従属節は「前置き」）。一方〈主節＋従属節〉の形では，「従属節に意味の重点がある」「主節に意味の重点がある（従属節は「付け足し」）」の両方の可能性がある。

第10章　比較
―構文暗記中心学習への批判―

　文法の授業では，原級・比較級・最上級の基本を教えた後，慣用的な構文や表現を暗記させることに傾きがちです。しかし，生徒だけでなく教える側にも，比較表現の基本を十分に理解していないケースが見られます。

> **問題**
>
> 次の文では，何と何とが比較されているでしょうか。「A と B」という形で答えてください。
> Kenji thinks young children who watch television a lot may not learn to talk as early as they should.
>
> 〈正解例は pp. 252-3〉

　この章では，**1**で比較の基本的な概念と比較構文の作り方を確認し，**2**～**5**では個々の学習項目の重要度仕分けします。**6**はまとめです。なお，Ⓡ・Ⓢ中の3つの形の件数を最初に示しておきます。次ページの表10-1を見てください。この表では比較の意味が薄れているものや他の品詞として扱われているものは集計対象外にしています。たとえば as long as（～する限り），as well as（～と同様に），later（後で），inner（内部の），most（ほとんどの）などです。

第 10 章　比較

表10-1　原級・比較級・最上級の出現頻度

	Ⓡ	Ⓢ	計
原級	24	13	37
比較級	334	156	490
最上級	127	41	168

1　比べられているものは何と何か？

まず，単純な形の文から考えます。

(1) Ken is **as tall as** Tom (is).
　　(ケンはトムと同じくらいの背の高さだ)

この文の成り立ちは，次のように説明できます。

(A) Ken is ①X tall.　(ケンは X の背の高さだ)
(B) Tom is ②Y tall.　(トムは Y の背の高さだ)

X tall は「X の背の高さだ」の意味です。X に 6 feet などの具体的な数字を入れて考えるとわかりやすいでしょう。この 2 つの文を使って①＝②の関係を表したいときは，次のようにします。

・①を **as tall** に置き換え，後ろに 〈as＋(B)〉 を置く。このとき②は取り除く。

この説明からわかるとおり，(1)で比較されているのは①と②，つまり「ケンの背の高さ」と「トムの背の高さ」です。「ケンと

251

トムが比較されている」と考えないことが大切です。もう1つ例を挙げます。

(2) It is **colder** today **than** (it was) yesterday.
　（今日はきのうよりも寒い）
　(A) It is ①X cold today.（今日はXの寒さだ）
　(B) It was ②Y cold yesterday.（きのうはYの寒さだった）

　①＞②の関係を表すには，①を colder に置き換え，後ろに〈than＋B〉を置きます。このとき②は取り除きます。そのようにしてできたのが(2)です。(2)は「今日の寒さ＞きのうの寒さ」という関係を表します。

　なお，多くの文法書に書かれているとおり，tall－short，big－small，old－young など「大－小」の対立する意味を持つ形容詞のペアでは，「大」の形容詞（tall, big, old）によって「尺度」の意味を表すことができます。だから S is X tall.（S は X の背の高さだ）には S is tall.（S は背が高い）の含意はありません。一方 cold には「尺度」の意味はないので，(2)には It is cold today.（今日は寒い）の含意があります。

　では，冒頭で挙げた問いを見てみましょう。

1. Kenji thinks <u>young children who watch television a lot</u> may not learn to talk **as early as** they should.
　（テレビをたくさん見る子どもは，しかるべき（早い）時期に話すようにはならない［話し始める時期が遅れる］かもしれないとケンジは考えている）［Ⓢ-12本筆］

この文で比較されているものは，「テレビをたくさん見る子ど

第 10 章　比較

もたちが実際に話し始める時期の早さ［時期がどのくらい早く訪れるか］」と「彼らが話し始めるべき時期の早さ」です。

　1の下線部を they で置き換えて考えると，次のようになります。

(A) They may learn to talk ①X early.
　（彼らは X くらい早い時期に話し始めるかもしれない）
(B) The should learn to talk ②Y early.
　（彼らは Y くらい早い時期に話し始めるべきだ）

　①＜②の関係を表すには，(A)を否定文にして①を as early に置き換え，それに〈as＋(B)〉を続けます（②は取り除く）。その結果，1 ができます。
　このように原級・比較級は，**2つのものの程度を比べるため**の表現形式です。X・Y の記号を使った上の説明を理解すれば，次のような複雑な形も自分で作れるようになるはずです。

2 The day was**n't as bad as I thought it would be.**
　（その日は私が予想したほど悪くはなかった）［Ⓢ-11本筆］
　＊「その日の実際の悪さの程度＜私がそうなるだろうと思ったその日の悪さの程度」という関係を表す。The day was X bad.＋I thought it would be Y bad. から考える。

3 At the same time, challenging myself physically taught me that I had the ability to do **more than I had thought.**
　（同時に，自分自身に肉体的に挑戦することは，私が自分で思っていた以上のことをする能力を持っているのだと私に教えてくれた）［Ⓡ-16追筆］
　＊「私が実際にできることの量＞私が自分にできると（それ以前

に）思っていたことの量」という関係を表す。(A) I had the ability to do X much. + (B) I had thought (that I had the ability to do) Y much. から考える。(A)の X much を more に置き換えて後ろに(B)を続ける際，（　）内は反復を避けるために省略できる。

④ Solving the problem was more difficult than (　　).
　① **we had thought**〔正答〕　　② our thinking
　③ our thoughts　　　　　　　　④ we did
（その問題を解くことは，私たちが思っていたより難しかった）
[Ⓖ -06本筆]
　＊ ③と同様。「②や③はなぜ誤りなのか？」という疑問に対しては，Solving the problem was X difficult. + We had thought (that) it would be Y difficult. という関係を使って説明できる。

このような日常的によく使われる文を組み立てる力をつけることが，比較という分野の重要な学習目標の１つです。

２　原級の例は比較的少ない

Ⓖを含めて細かく分けると次ページの表10-2のようになります。

Ⓡ・Ⓢ中の原級の件数が比較級・最上級に比べて少ない主な理由は，〈原級＋名詞〉の形が作れないからでしょう。以下にいくつか例を挙げます。

⑤ Um, let's see ... getting the autographs from the baseball players was**n't as boring as** I thought it was going to be, even though it took up the whole morning.
（うーん，ええと…野球選手からサインをもらうのは，思ってい

表10-2 原級の比較表現の出現頻度

	Ⓡ	Ⓢ	Ⓡ+Ⓢ	Ⓖ
基本形（肯定文）	8	4	12	0
基本形（否定文）	2	4	6	0
倍数表現	2	3	5	2
as ～ as possible など	8	2	10	1
as little as ～ など	3	0	3	2
その他の慣用表現	1	0	1	1
計	24	13	37	6

＊その他の慣用表現：go so far as to *do*（～しさえするⓇ），as ～ as any …（どの…にも劣らず～Ⓖ）。

たほど退屈じゃなかったわ，午前中いっぱいかかったけれど）［Ⓢ-11本筆］

＊ 2 と同様の形。

6 There was a traffic jam, and it took **twice as long as** usual to get here.

（交通渋滞があったので，ここに着くのにふだんの2倍の時間がかかりました）［Ⓢ-15本リ］

＊倍数表現は〈twice＋原級〉が4件，〈three times＋原級〉が1件。

7 When I have a problem, I like to ask **as many** friends **as possible** for their advice.

（問題があるとき，私はできるだけ多くの友人に助言を求めたるのが好きです）［Ⓢ-09本筆］

＊「できるだけ～」は〈as ～ as possible〉が7件，〈as ～ as S can〉が2件。

⑧ The latter process can take **as little as** 20 hours.
（後者の過程は20時間しかかからない場合もありうる）［Ⓡ-10本筆］

⑨ "That earthquake in Mexico happened a long time ago, didn't it?" "No, it was (　　) last year."
① as early as　　② **as recently as**〔正答〕
③ early as　　④ recently as
（「あのメキシコの地震はずいぶん前に起きたんだよね」「いや、つい最近の去年だよ」）［Ⓖ-94本筆］

＊⑧・⑨は〈as＋形容詞＋as〉型の慣用句。ほかに as long as（～もの長い間：Ⓡ），as far as ～（～まで：Ⓖ）。

3　比較級は名詞の前に置く例が多い

まず，表10-3のように分類してみました。

表10-3　比較級の品詞

	Ⓡ	Ⓢ	計
① 限定用法の形容詞	146	51	197
② 叙述用法の形容詞	88	50	138
③ 副詞	42	27	69
④ 名詞	15	17	32
⑤ 慣用表現	43	11	54
計	334	156	490

＊例：① younger brother，② be/become larger，③ come earlier，④ eat more，⑤ more than ～

これを見ると，〈比較級の形容詞＋名詞〉の形が最も多い（41％）ことがわかります。

[A] 比較級＋than 〜

表10-3の①〜④について，比較級の後ろに than が置かれているかを調べると表10-4のようになりました。

表10-4 〈比較級＋than〉の出現頻度

	Ⓡ	Ⓢ	計
① 限定用法の形容詞＋than	16	5	21（11％）
② 叙述用法の形容詞＋than	19	10	29（21％）
③ 副詞＋than	9	5	14（21％）
④ 名詞＋than	6	3	9（17％）
計	50	23	73

＊パーセントの分母は，表10-3中の右端欄の数字。

〈比較級＋than〉の形は全体の2割にも満たず，**多くの比較級は than なしで使われています。**

⑩ If it's possible, you could have an American-style barbecue party and invite some of the students in her class. I'm sure it would be an exciting experience for them. Possibly, Anna would be **more herself** at home and they would get to know her **better**.
(もし可能なら，アメリカ流のバーベキューパーティーを開いて，彼女のクラスの生徒の何人かを招くこともできます。きっと彼女らにとって刺激的な経験になるでしょう。もしかしたら，アナは家にいるときの方が自分の本当の姿に近く，友人は彼女のことがもっとよくわかるかもしれません）[Ⓡ-15本筆]

＊ more herself at home (than (she is) at school), know her better (than (they do) now) ということ。

[B] 差や程度を表す語句＋比較級

比較級の形容詞・副詞の前には，差や程度を表す語句を置くことができます。

(1) He is **two years older** than I am.
 (彼は私より2歳年上だ)
(2) She speaks English **much better** than I do.
 (彼女は私よりずっと上手に英語を話す)

(2)の much は一般に「比較級の強調」という項目として教えますが，(1)の **two years** と(2)の **much** は同じ働きをしていると考えるのがベターです。two years older の two years は副詞の働きをしています（副詞的目的格）。much better の much は副詞だから，(1)も(2)も〈副詞＋比較級〉の形です。
 Ⓡ・Ⓢ中の件数と例は表10-5のとおりです。

11 **How many more** stickers do you need?
 (ステッカーはあと何枚必要なの？) [Ⓢ -16本リ]
 ＊①の例。このほか one month [a couple of minutes] earlier (もう1か月［数分］早く) など。
12 With a little bit of care, your goldfish can live **much longer** than you might expect.
 (少し注意すれば，金魚はあなたが思うよりずっと長く生きることができる) [Ⓡ -14本筆]
 ＊②の例。内訳は much（21），even（6），a little（5），far（4），a lot（3），a bit（2），no（2），still。なお，no の2件は〈no more＋名詞〉（もう［これ以上］〜ない）の形。

表10-5 〈差や程度を表す語句＋比較級〉の出現頻度

	Ⓡ	Ⓢ	計
① 数字/many など＋比較級	6	15	21
② much/a little など＋比較級	33	11	44

＊Ⓖには〈much＋比較級〉の例が1件ある。

[C] the＋比較級

　学校の文法では,「比較級の前にtheがつく場合」として次の3つを教えるのが一般的です。

　① the＋比較級＋of the two
　②（all）the＋比較級＋理由（〜なのでいっそう…）
　③ the＋比較級 〜, the＋比較級 …（〜すればするほど…）

　Ⓡ・Ⓢ・Ⓖ中に③の例は10件ありますが（p. 260の表10-6を参照），①②の例はありません。①については，口語では〈the＋最上級＋of the two〉の形も使われます（『英文法解説』など多くの参考書に記述あり）。

　一方で，上記のどれにも該当しない〈the＋比較級〉の形はよく見られます。

13　I was so excited about **the bigger**, scaled-up summer festival held in our local park near the river.
　（川の近くの地元の公園で行われる（前より）盛大で大規模な夏祭りに私はとても興奮していた）[Ⓡ-11追筆]
　＊「その祭り」と言えばどの祭りを指すかが相手にもわかるという前提で（外界照応の）the を使っている。

したがって,「比較級の前に the がつく場合」という項目を立てることにあまり意味はありません。③の構文を覚えておけば十分であり,①や②には入試の文法問題対策以上の価値はありません。

[D] 比較級を含む慣用表現など

Ⓖも含めて件数を示します。表10-6を見てください。

表10-6 比較級の慣用表現の出現頻度

	Ⓡ	Ⓢ	Ⓡ+Ⓢ	Ⓖ
more/less than ~	26	5	31	1
The＋比較級 ~, the＋比較級 …	6	2	8	2
no longer など	4	2	6	0
know better (than to *do*)	1	1	2	1
what is more	2	0	2	0
その他の慣用表現	4	1	5	0
計	43	11	54	4

＊「その他の慣用表現」は,Ⓡに for better or worse（よくも悪くも）, get the better of ~（~に勝つ）, nothing more than ~（~にすぎない）, sooner or later（遅かれ早かれ）, Ⓢに not ~ anymore（もはや~ではない）, Ⓖに more or less（ほぼ）。

⑭ Fiction, at its best, is **more than** just enjoyable.

（フィクションは,最高の状態では,単に楽しいだけにとどまらない）[Ⓡ-16追筆]

＊ more than ~ には「①~より多い,②十二分に,~どころではなく」の2つの意味がある。この文では②の意味。①の意味では後ろに数字を置く。

15 **The fewer** friends you have, **the more** time you can spend with each of them.

（友人が少なければ少ないほど，友人のそれぞれとより多くの時間を過ごすことができます）[Ⓢ-09本筆]

＊最初のtheは「どれだけ」（関係副詞），後のtheは「それだけ（余計に）」（指示副詞）（G5）。

16 When we came home the lobster had become so lively that we **no longer** had the heart to cook it.

（家に帰ったときロブスターはとても元気がよくなっていたので，私たちはもうそれを調理する気にならなかった）[Ⓡ-16本リ]

＊no longer が5件，not 〜 any longer が1件。

17 In fact, we probably know how to use the Internet better than most adults, since we grew up with it. We **know better than to go** to inappropriate sites.

（実際に私たちはインターネットとともに育ったので，その使い方をほとんどの大人よりもたぶんよく知っています。不適切なサイトには行かないくらいの分別はあります）[Ⓢ-09追筆]

18 **What is more**, many households now own two cars.

（そのうえ，多くの家庭は今では2台の車を所有している）[Ⓡ-14追筆]

そのほか，比較級を使った定型的な表現をいくつか追加しておきます。

19 However, there is one very simple and elegantly designed chair, known as the "French series". This chair can be seen **more often than any other chair**.

（しかし，「フレンチシリーズ」として知られるとてもシンプルで

上品なデザインのいすがある。このいすは他のどのいすよりもよく見られる）［Ⓡ -11追筆］

＊〈比較級＋than any other ～〉はⓇ中にもう1件。

⑳ For nature lovers, [**nothing** / **is** / **more** / **refreshing** / **than**] pure cold water from a mountain stream.

（自然愛好家にとっては，谷川の澄んだ冷たい水ほど気分をさわやかにするものはない）［Ⓖ -00追筆］

＊nothing と比較級を組み合わせた形はⒼ中にもう1件。

㉑ "Would you mind taking a look at this?" "This is a great plan, Harry! **I couldn't agree more**. I'm sure it'll work."

（「ちょっとこれを見てもらってもいいかな」「これはすばらしい案だよ，ハリー！大賛成だ。きっとうまくいくよ」）［Ⓢ -09本筆］

＊「これ以上賛成することはできないだろう」の意味。

4　最上級も名詞の前に置く例が多い

3と同様に件数を集計しました。次ページの表10-7を見てください。

比較級の場合と同様に，最上級も名詞の前に置いて使う例が最多（59％）です。

[A] 最上級の前の the の有無

名詞の前に置かれた最上級の形容詞には必ず the（などの限定詞）がつきますが，叙述用法の形容詞の場合は必ずしもそうは言えません。表10-8を見てください。

㉒ Flowers are **most beautiful** in April and May.

（花々は4月と5月が最も美しい）［Ⓡ -12本リ］

＊「同一人［物］の性質や状態が比較されているときは最上級に

第10章　比較

表10-7　最上級の品詞

	Ⓡ	Ⓢ	計
① 限定用法の形容詞	79	20	99
② 叙述用法の形容詞	18	7	25
③ 副詞	12	3	15
④ 名詞	0	2	2
⑤ 慣用表現	18	9	27
計	127	41	168

＊例：① the biggest city, ② be/become (the) tallest, ③ run (the) fastest, ④ eat (the) most, ⑤ at least

表10-8　叙述用法で使われた最上級の形容詞の前の the の有無

	Ⓡ	Ⓢ	計
the＋最上級	9	3	12
the のない最上級	9	4	13

the をつけない」というルールの例。

㉓ Music is an amazing and powerful art form, and perhaps what is **most important** is to make time to sit and appreciate what we hear.
（音楽は驚異的で強力な芸術形式であり、もしかしたら最も重要なことは、私たちの耳に聞こえるものを座って鑑賞する時間を作ることかもしれない）［Ⓡ-14本筆］
＊㉒で示したルールには当てはまらないが、最上級の前に the がついていない。

㉔ Actually, what made my stay **most exciting** and unforgettable was my host family.

(実は，私の滞在を最も［大変］刺激的で忘れがたいものにしてくれたのは，ホストファミリーだった）［Ⓢ-12本筆］
＊〈make＋O＋C〉のCに当たる最上級の形容詞。most は very の意味（絶対最上級）とも考えられる。

一方，Ⓡ・Ⓢ中の副詞の最上級は most を含むものが大半で，そのほとんどに the はついていません。

25 Consider the time when knives, forks, and spoons didn't even exist. Which one of them would people need **most**?
（ナイフ，フォーク，スプーンが存在さえしなかった時代を考えてみよう。それらのうちでどれを人々は最も必要としただろうか）［Ⓡ-07追筆］
＊ most は much の最上級。

26 Well, **most importantly**, I'd like a bright, spacious house.
（ええと，一番大切なのは，私は明るくて広々とした部屋がほしいです）［Ⓢ-07追筆］
＊ most importantly はこれを含め3件。

結局，次のようにまとめることができそうです。

・〈最上級の形容詞＋名詞〉の前には **the** をつける。
・それ以外の最上級の前には，**the** をつけないこともよくある。

参考までに補足すると，最上級の the は後ろの名詞を限定する働きをします。たとえば He is the tallest in the class. では，tallest の後ろに省略された名詞（student など）が意識されています。ただし「最も～」という指示性の強い意味との相性から，

名詞の省略とは考えられない場合でも最上級に the をつけることがあります。たとえば㉒では Flowers are the most beautiful in April and May. も実際には使われます。

[B] 差や程度を表す語句＋最上級
　<u>two years</u> older などと同様に，最上級の形容詞・副詞の前に副詞を置いた形があります。その１つが「(上から数えて)〜番目」の表現です。

㉗ Those living in Tokyo seemed to be less involved in volunteer work than the nation as a whole. In fact, the overall percentage was **the second lowest** of all the prefectures in Japan.
（東京に住む人々は国全体に比べてボランティア活動への関わりが少ないようである。実際に，全体的な比率は日本のすべての都道府県のうちで２番目に低かった）［Ⓡ-06本筆］
＊同様の表現がこのほかⓇに２件，Ⓢに１件。

Ⓖには次の例があります。

㉘ This is the (　　　) **best** book I've ever read.
　① far　　② most　　③ much　　④ **very**［正答］
（これは私が今までに読んだ最高の本だ）［Ⓖ-96本筆］
＊very best は「本当に最高の」の意味。

[C] 最上級を含む慣用表現など
　Ⓖを含めて件数を示します。表10-9を見てください。

表10-9 最上級を含む慣用表現の出現頻度

	Ⓡ	Ⓢ	Ⓡ+Ⓢ	Ⓖ
at least	11	7	18	0
best of all	2	1	3	0
at one's best	2	0	2	0
do one's best	2	0	2	0
その他	1	1	2	1

＊その他：Ⓡに best regards（敬具）, Ⓢに look one's best（最もよく見える）, Ⓖに at most（せいぜい）。なお, 最上級の前に程度や差を表す語句を置いた形は, Ⓖに very best（最高の）。

㉙ "How did your audition for the play go?" "I think it went well. **At least** I remembered my lines."

（「劇のオーディションはどうだった？」「うまくいったようね。少なくともセリフは覚えていたわ」）［Ⓢ -12本リ］

＊at least（少なくとも）の後ろには数字を置くことが多いが,「ともかく（anyway）」の意味でも使う。

㉚ Overall, I really liked this movie. The story is entertaining and the acting is great, but **best of all**, you can really see a different side of Japanese culture in the movie.

（全体的には, 私はこの映画が本当に気に入った。筋は面白く演技もすばらしいが, とりわけ映画の中で日本文化の違った面を実際に見ることができる）［Ⓡ -13本筆］

そのほか, 次の形も重要です。

㉛ "How was the movie?" "Awful. It was **the worst thing I've**

ever seen."
(「映画はどうだった？」「ひどかったよ。今までに見た最悪のものだった」）[Ⓢ-10追筆]
＊同意表現とされる Never have I seen such a bad thing.（倒置形）は口語的ではない。

5 文法問題にしか出ない知識

私大入試の文法問題でよく問われる次のような慣用表現は，Ⓡ・Ⓢ・Ⓖには１件もありません。

・no [not] more [less] that 〜
・no more 〜 than …（クジラ構文）
・not so much A as B

実用的な英語力を養うという観点からも，また今後普及が予想される４技能テストの対策という観点からも，これらの表現は覚える価値がほとんどありません。私大入試の文法問題対策だけに必要な，悪い意味での受験英語と言ってよいでしょう。そういう目で見れば，次の問いも感心しません。

32 Tom is (　　) a hard-working student than a mathematical genius; he always gets high scores in math without studying very hard.
① **less**〔正答〕　② more　③ not　④ rather
（トムは熱心な学生と言うより数学の天才だ。彼はあまり猛勉強せずに常に数学で高得点を取る）[Ⓖ-94本筆]
＊和文の内容はもっと易しい形（例：Tom is a mathematical genius rather than a hard-working student.）で表現できる。

余談ですが1994年度（本試験）は過去に唯一正答率が50％を下回っており，難問が集中しています。

6 比較の指導に当たっての注意点（まとめ）

大事なことなので再確認します。

(1) Canada is larger than Japan.
   （カナダは日本より広い）

この文で比較されているのは，「カナダと日本」ではありません。この文が表すのは「カナダの広さ＞日本の広さ」という関係です。そして「広さがより大きい」という意味を larger（比較級の形容詞）で表します。その点を十分に理解していないと，Canada is large than Japan. のような誤りが生じます。それは「than ＝〜よりも」という日本語との対応が先に立ってしまうからです。(1)の文で「比較」という文法的機能の中心を担っているのは，than ではなく larger の方です（だから than 以下が自明のときは省略されます）。比較という分野の大きな学習目標は，(1)のような文，あるいはそれが複雑化した次のような文を自由に作れるようになることです。この章の説明を指導の参考にしていただければと思います。

(2) It was colder in Canada than I had expected it would be.
   （カナダは私が思っていたより寒かった）
   ＊この文は「カナダの実際の寒さ＞私が予想していたカナダの寒さ」という関係を表す。

【付録１】
「聞く力」「話す力」の指導のために

　英語学習者は誰でも「英語で話せるようになりたい」「英語の発音が上手になりたい」という願望を持っています。したがってモチベーションは十分にあるけれど，具体的な学習方法がわからないというケースが多いでしょう。高校の授業で聞いたり話したりする指導を十分に行うのは時間的に難しいので，過去のセンター試験の例を見ながら，自宅学習を前提とした「聞く力」「話す力」の学習方法について考えてみました。

1　動画サイトの利用

　新聞や雑誌でよく広告を見かける，あるリスニング教材の体験版を取り寄せて聞いてみました。レベルはセンター試験よりやや易しめで，それなりの学習効果はあると思います。ただ，全部そろえると十数万円かかるので，一般の高校生には手が出ないでしょう。経費面を考慮すれば，無料で利用できる**インターネットの動画サイト**を利用するのがベストだと思います。

　特に，「スクリプトがついている」「音声のスピードを変えられる（ゆっくり読むバージョンがある）」ものが便利です。ニュース関連なら「ニュースで英会話」(NHK) や VOA Special English など。NHK の英語学習アニメ「リトル・チャロ」やディズニーのアニメなども，スクリプト付きの動画が見られます。実写映画は高校生にはあまり勧められません。難度が高い上に，アクションばかりで会話が少ないものも多いからです。日本の一般のアニメについては，「anime dub」で検索すれば英語吹き替え版，「anime sub」なら画面の下に英訳がついた日本語音声版が見ら

れます。ただし違法にアップロードされた（すぐに削除される）サイトも多いので注意が必要です。

　また，会話や発音を練習する場合も，動画サイトは非常に便利です。たとえば「ネイティブが母音・子音を発音する際の口の形を示してくれる」「バイリンガルの日本人が楽しく説明してくれる」「シャドウイングの練習ができる」など，学習内容や各人の興味に応じてさまざまなサイトを利用することができます。

2　発音はどのように練習すべきか

　会話で瞬時に英文を作って口に出すとき，最初のうちは時制や3単現のsにまではなかなか注意が回りません。同様に発音の練習でも，個々の音に加えて文全体のリズム（強勢）と音調（イントネーション）にも気を配るのは，高校生にはかなり難しいでしょう。そこであまり欲張らず，**リズムと音調だけを意識して読む練習**を重点的に行ってはどうでしょうか。実際のコミュニケーションを考えてもその方がベターです。たとえば I usually have rice for breakfast. の rice が lice の音に聞こえても，「君は朝食にシラミを食べるのか？」などと言うネイティブはいないはずです。それよりも I úsually have ríce for bréakfast. のように強弱と高低のメリハリをつけて読む練習を繰り返す方が「英語らしい発音」が身につきます。

　具体的な学習ツールとしては，**センター試験のリスニング問題の音声を使うのも一案**です。大学入試センターや予備校などのサイトから，過去のセンター試験のリスニング問題の音声とスクリプトが入手できます。スクリプトを見ながら強勢とイントネーションに注意して音声を聞けば，読み方の「こつ」をつかむのに役立つはずです。

3 文のリズムをどう学習するか

一時期，センター試験には文中の強勢の位置を尋ねる問いが出題されていました。

> 1 太字で示した語句を特に強調して発音した場合，話者が伝えようとした意図はどれが最も適当か。
>
> It was the perfect birthday. A huge vase of **roses** was in the middle of the dining table.
>
> ① I had never seen flowers there before.
> ② On the table was an unbelievably large vase.
> ③ My favorite flowers were on the dining table. 〔正答〕
> ④ The vase was right in the center of the table.
>
> [08本筆]

筆者は，この種の問いは「悪問」だと考えています。このような問いに慣れた学習者は，「意味が強勢の位置を決める」と誤解するおそれが多分にあるからです。そのような文脈依存型の強勢はむしろ例外であり，一般には「**強勢の位置は意味によって決まるのではない**」と覚えておく方がよいと思います。

一般的な強勢の位置については，少なくとも次の3つのルールを知っておく必要があります（(B)(C)については p. 160 も参照）。

(A) チャンク（意味のまとまり）の**最後の語**を強く読む。

(B) 〈名詞＋名詞〉のフレーズは**前の名詞**を強く読む。

(C) 〈形容詞＋名詞〉のフレーズは**後ろの名詞**を強く読む。ただし形容詞が長いときや形容詞の意味を強調するときは，形容詞も強く読む。

ほかに「機能語（冠詞，代名詞，助動詞など）には強勢を置かない」というルールもありますが，(A)を知っていればたいていは間に合います（機能語がチャンクの最後に置かれることはあまりないから）。

たとえば，①の問いの文を普通に読めば，強勢は次のようになります。

・It was the (1) pérfect bírthday. / A huge (2) váse / of (3) róses / was in the (4) míddle / of the (5) díning table.

(1)は〈形容詞＋名詞〉ですが，perfect に情報的な重みがあるので，(C)のルールによって両方を強く読みます。(2)は(C)，(3)(4)は(A)，(5)は(B)のルールによって説明できます。このように「特に強調して読めば」という特殊な状況を想定するのではなく，「普通に読めばどこに強勢を置くか」を問う方がベターだと思います。次の問いはその例です。

② 次の下線を引いた文において，強く発音する部分を最も適当に示しているのはどれか。以下の①〜④のうちから一つ選べ。強く発音する部分は●で示してある。
While holding down button C, press both D and F for five seconds. Oh, dear. It's so complicated that I feel confused just reading the manual.
① It's so complicated that I feel confused just reading the manual.
② It's so complicated that I feel confused just reading the manual.

> ③ It's so c󠄀omplic󠄀ated that I feel c󠄀onfused just reading
>   the manual.
> ④ It's so c󠄀omplic󠄀ated that I feel c󠄀onfused just reading
>   the manual. 〔正答〕   [09本筆]

意味の切れ目で分けると，(1) <u>It's so complicated</u> / (2) <u>that I feel confused</u> / (3) <u>just reading the manual</u>. です。(1)はチャンクの最後の語（complicated）のほか，意味の面から so も強く読みます。(2)はチャンクの最後の語（confused）だけを強く読むのが自然です（筆者が２人のネイティブに尋ねたところ，両者とも「feel を強く読むことはない」と答えました。したがって④は best answer ではないと思います）。(3)はチャンクの最後の語（manual）のほかに，「読む」という動作が他の動作と対比されているので reading を強く読みます。

> ③ 下線部で最も強調して発音されるものを下から１つ選べ。
> 《状況》Jim と Rie が将来就きたい職業について話し合っている。
> Jim：What job do you eventually want to have?
> Rie：<u>I haven't thought about it.</u> Have you?
>   ①haven't　②thought〔正答〕
>   ③about　　④it   [02本筆]

下線部の５語のうち内容語は thought だけであり，意味の切れ目も I haven't thought / about it. なので（チャンクの最後の語である）thought を強く読みます。参考までに補記すると，「Rie の発言で haven't の方を強く読むことは絶対にないか」と，あるネイティブ（イギリス人）に尋ねてみました。その回答は，「その

273

文だけなら haven't を強く読むこともありうる。ただしその読み方には、『その件については触れたくない』という強い拒絶のニュアンスがある。この会話では後ろに Have you? があるので、haven't を強く読むことは絶対にない」とのことでした。

さらに例をいくつか追加します。これらは2017年度センター本試験のリスニング問題から引用したものです。音声はインターネットで確認できます。

> ④ W：Whát did you do with your (1) <u>fifty dóllars</u>, Bobby?
> M：Well, Mom, I bought shóes for thirty-fíve and spent tén on (2) <u>Sally's présent</u>.
> W：And the rést?
> M：I úsed it for (3) <u>bús fare</u>.

(1)の fifty や(2)の Sally's は形容詞に準じた扱いで、後ろの名詞を強く読みます。一方(3)では bus が名詞なので、こちらを強く読みます。この原則を知らないで「意味が強勢の位置を決める」と誤解していると、fifty や Sally's を強く読みかねません。

> ⑤ W：Í'm looking forward to your dánce performance tomorrow níght. It stárts at (1) <u>seven o'clóck</u>, doesn't it?
> M：Áctually, it starts at fíve.
> W：Oh, (2) <u>I didn't knów that</u>.

(1)では seven が形容詞なので後ろの o'clock を強く読みます。(2)は ③ の下線部に似た音調で、内容語の know を強く読みます。ただし I dídn't know thát. という読み方も可能で、より強い

驚きを表すニュアンスになります。

> 6 M : Thát was a (1) <u>great móvie</u>!
> W : Yéah, the spécial efféctsc were cóol.
> M : I réally liked the stóry and the ácting.
> W : Mé, tóo. But　(2) <u>the móvie cóuld've been a bit shórter</u>.

(1)では great が形容詞なので，後ろの movie を強く読みます。ただし長い形容詞の場合は，fantástic móvie のように前にもアクセントを起きます。(2)では「〜だったらよかったのに」という意味を強調するために could've に強勢を置き，a bit shorter はチャンクの最後の shorter を強く読みます。

　文の読み方のリズムを身につける練習として，次のような例も挙げておきます。下線部の強勢に注意してください。

(a)(1) Tóm <u>is éating</u> now.
　(2) Tóm <u>is eating lúnch</u> now.
(b)(1) I cálled him twíce, but he <u>didn't ánswer</u>.
　(2) I cálled him twíce, but he <u>dídn't answer my cálls</u>.
(c)(1) Whát are you <u>lóoking for</u>?
　(2) Hów about <u>eating óut</u>?
＊疑問詞は強く読む。文末の前置詞は弱く，副詞は強く読む。
(d)(1) Whén did you <u>móve here</u>?
　(2) I didn't <u>sée her</u>.
＊内容語に強勢を置く。
(e) "Do you have a dríver's license or a pássport?" "Yes. I <u>háve my passport</u>."

＊passportは旧情報だから，haveの方を強く読む。

(f)(1) I ónly slept for twó hours last night.

(2) Jóhn likes jazz, tóo.

＊only, too, evenなどの副詞は，強く読む語を修飾する。(a)は書き言葉ではI slept for <u>only</u> two hours ... のように被修飾語の直前に置くが，会話ではonlyを前に出す（onlyが修飾する語を強く読む）ことが多い。(2)はJohnを強く読んでいるので「ジョンも（他の誰かと同様に）ジャズが好きだ」という意味。jazzを強く読めば「ジョンは（他の何かの音楽と同様に）ジャズも好きだ」という意味になる。

(g)(1) I dídn't meet Jóhn at the pub.

(2) I dídn't meet John at the púb.

＊notも副詞だから，(f)と同じ理屈が適用される。(1)は「私がパブで会った人物はジョンではない」，(2)は「私がジョンに会った場所はパブではない」の意味。

(h)(1) I wásn't a good spéaker of Énglish.

(2) My mother dóesn't like hót food.

＊(1)は原則に従い後ろの名詞を強く読む（意味を強調したいときはgoodを強く読んでもよい）。(2)は情報の中心であるhotを強く読む。

4　イントネーションをどう学習するか

　音楽にたとえて言えば，強勢（音の強さの変動）はリズム，イントネーション（音の高さの変動）はメロディーに当たります。『コンサイス英文法辞典』では，英語の主なイントネーションとして，下降調・急激な上昇調・緩やかな上昇調・下降上昇調・上昇下降調・平板調の6つを挙げています。

　ただし高校生は，**下降調・上昇調・下降上昇調**の3つを知って

おけば十分でしょう。同書の例文を使って説明します。

On my wáy to the státion I mét a mán.
　①駅へ行く途中で　　　　　②私はある男に会った

このように強勢とイントネーションは連動しており、基本的に**強く読む語を高く読む**ことになります。たとえば Nice to méet you. なら、強く読む meet が最も高く読まれます。このような短い文でも強勢と音の高さを意識しながら読めば、英語の発音のしかたが何となく理解できるのではないでしょうか。

　また、上の文では②の方に情報の重点があり、①は「前置き」です。この場合、①の最後の station は下降上昇調で、最後の man は下降調で読みます。別の言い方をすれば、下降上昇調は「発話はまだ続きます」、下降調は「発話はこれで終わりです」というメッセージを相手に送ることになります。次の例も同様です（↘↗＝下降上昇調）。

(a)(1) At the bookstore (↘↗) I met a friend.
　(2) I met a friend (↘↗) at the bookstore.

また上昇調は主に Yes/No 疑問文で使いますが、形は疑問文でなくても文末を上昇調にすれば質問になります（例：Got it?「わかった？」）。一方、疑問詞で始まる疑問文は文末を下降調で読むのが原則ですが、たとえば Where are you from（↗）? と最後を上昇調にすれば親しみをこめた（あるいは「ちょっと聞いてみるんだけど」という軽い質問の）ニュアンスになります。

　なお、Yes/No 疑問文を読むときは、**どこからを上昇調にする**かを意識する必要があります。下の2つの例では、下線部を上昇

調で読みます。

 (b)(1) Did yóu work in Osaka <u>twó years ago</u>?
  (2) Did yóu work in O<u>sáka two years ago</u>?
 (c)(1) Is Tom your <u>cóusin</u>?
  (2) Is <u>Tóm your cousin</u>?

　(b)(1)では話し手は相手が大阪で働いていたことを知っており，「働いていたのは2年前ですか」と尋ねています。(b)(2)ではOsakaに意味の重点があり，「あなたが2年前に働いていた場所は大阪ですか」の意味です。また(c)(1)は「トムは君のいとこなの？」ですが，(c)(2)はTomが情報の焦点であり「（他の人ではなく）トムが君のいとこなの？」という意味です。このようにYes/No疑問文では，**情報の焦点となる語（の強勢を置く音節）から後ろを上昇調で読みます**。たとえばDid you <u>enjóy your vacation</u>?（休暇は楽しかった？）なら，下線部が上昇調になります。このように，強勢の位置とイントネーションとの間には密接な関係があります。

　2017年度センター本試験のリスニング問題から，実際に読まれた音調の例をいくつか挙げておきます。

---

1 M：Your lúnch looks góod.
 W：Yeah, but (1) <u>yóurs</u> (↘) <u>looks bétter</u>. It has stráwberries.
 M：Do you want óne? I'll tráde a (2) <u>stráwberry</u> (↘) for one of your (3) <u>sáusages</u> (↗).
 W：That wóuld be nice.

---

(1)は，カタカナで示すと「ユアーズ」ではなく「ユアーズ」のように読まれています。前の発言中の good との対比を意識して，下線部では better が最も強く（高く）読まれます。そこで「弱－強」のリズムの関係から，いわば「ため」を作るために yours の頭を低く読んでいると考えられます。また，その場に大勢の人がいるのなら「（他の人の弁当とは違って）君の弁当は」という対比を意識して yours に強勢を置くかもしれませんが，その場にいるのが 2 人だけなら yours よりも better の方が重要な情報だという考え方もできます。また(2)は，「発言はこれで終わりではない」というメッセージを送る音調です。(3)は相手に「交換しない？」と尋ねるために上昇調が使われています。なお，最後の文は Thát would be níce. と読むこともできますが，その場合は相手の提案を受け入れるニュアンスです。この対話では would が強く読まれており，「もしそうならいいでしょうね」という軽い拒絶の（あるいは「決めかねている」という）ニュアンスになります。

　以下も，2017年度センター本試験リスニング問題のスクリプトから抜粋したものです。音声を確認しながら「この箇所はなぜこう読まれているのだろう」と考えることが，（生徒にとっても教師にとっても）イントネーションの理解に役立つはずです。

(d) I'm looking forward to your dánce performance tomorrow night.

　（明日の晩のあなたのダンス公演を楽しみにしているわ）

　＊情報の中心である下線部が最も高く読まれている。tomorrow night は（相手も知っている）「付け足し」の情報なので軽く読まれている。

(e) Don't you remémber me? I'm Joe, from Chicago.

（ぼくを覚えていないの？　シカゴ出身のジョーだよ）

＊下線部が上昇調で読まれている。

(f) Do you keep anything réady for emergencies?

（非常時に備えて何か用意しているの？）

＊ anything ready は(d)の remember me と似た音調。anything の第2音節以降（エ<u>ニシング</u>の下線部）が上昇調で読まれている。

(g) Mattew, you wanted to ásk me something?

（マシュー，私に何か尋ねたかったの？）

＊下線部が上昇調で読まれている（something だけを上昇調で読むのではない）。

(h) "How many eails do you usually get a day?" "Around ninety （↘）?"

（「ふだん1日にどのくらいメールが来るの」「90通くらいかな」）

＊「よくわからないけれど…」というニュアンス。ninety を下降調で読むと「約90通だ」と断定する響きになる。

(i) "Then, how about this one? It's for two students, though." "I don't mind that （↘）. I'll take it."

（「では，この物件はいかがですか。学生2人用（の部屋ですが）」「かまいません。それで結構です」）

＊カタカナで示すと，「<u>アイドンマインドザット</u>」の下線部を高く読み，最後がやや上昇調になっている。響きを和らげた言い方。

(j) "To be honest, I'm generally skeptical about ads like that." "Why? It's based on a survey （↘）."

（「正直なところ，私はその種の広告には概して懐疑的なの」「なぜだい？調査に基づいているんだよ」）

＊これも同様。survey を下降上昇調で読むことで,遠慮がちな言い方になっている。

なお,**自分で入力したテキストをネイティブの発音に近い機械音で読み上げてくれる無料のサイト**がインターネットには多数あるので,必要に応じて利用するとよいでしょう。

5 話す力をどう養うか

日本人学習者にとって,英語の4つの技能は次のような関係にあると言えます。

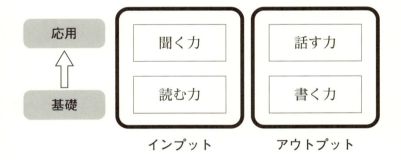

つまり,「聞く」ことは「読む」ことの応用であり,「話す」ことは「書く」ことの応用です。なぜなら,読んだり書いたりするのはいくら時間をかけてもかまいませんが,聞いたり話したりするのは瞬時の対応だからです。言い換えれば,「読めない文を聞き取る」ことや「書けない文を話す」ことは不可能です。

したがって「話す力」をつけるための近道は,「書く力」を養うことです。このコンセプトに沿った一般書は,『どんどん話すための英作文トレーニング』(ベレ出版) など多数出版されてい

ます。この方式を高校の授業や自宅学習用の教材作りに応用するなら、たとえば次のようなスタイルが考えられます。

> (問) 次の日本語を英訳しなさい。
> (1) 私が乗るバスはもう出てしまった。
> (2) 私は沖縄へ3回行ったことがある。
> (3) 私は朝から何も食べていない。
> …

これは現在完了（進行）形を使った文を瞬時に作る練習の例です。求められるのは、できるだけ素早くこれらの日本語の英訳を頭に浮かべることです。紙に書く必要はありません。

CAN-DO の発想に基づき、「表現したいこと」が先にあって、それを英語に直すために必要な知識を身につけていくのが正しい学習のあり方でしょう。しかし現状では、「英語表現」の検定教科書でさえ、「まず文法を学ぶ→その知識を作文に応用する」という旧来の指導方法が色濃く反映しており、結果的に「書く・話す」ための学習の効率が下がっている面があるように思われます。

1つ例を挙げます。話し手が「これから起こること」について推量する3つのケースを考えてみましょう。

> (1) 彼は来るかもしれない。→ He **may/might** come.
> (2) 彼は来るだろう。→ He **will** come.
> (3) 彼はきっと来る。→ He **is sure to** come.

話し手の確信の度合いは(1)<(2)<(3)の順に大きくなりますが、これらは3つとも「未来に向けての推量の表現」です。したがっ

て CAN-DO の発想から言えば、「次の３つをセットで覚えなさい」と教えるべきではないでしょうか。

　・S may/might ～＝ S は～かもしれない
　・S will ～＝ S は～だろう
　・S is sure to ～＝ S はきっと～だ

　しかしこのような教え方には，おそらく多くの教師が抵抗を感じるでしょう。それは結局，教える側が旧来の「文法中心主義」から脱却できていないからです。同じことは教科書や文法参考書を作る出版社や著者にも言えます。最近では多くの著者（英語のプロパーではない人も含めて）が，自分の経験に基づいて書いた「中学からのやり直し英語」「易しい英文法」のようなタイトルの本を出版しています。しかしそこに書いてある内容のほとんどは，必ずしも実用的とは言えない学校文法の知識をなぞっているにすぎません。そうした著者たちに，たとえば「あなたの本には関係代名詞の whom が出てきますが，あなた自身は会話やメールで whom を使うのですか？」と聞いてみたいところです（第８章で触れたように whom がセンター試験で出てきたのはたった１回です）。

　ことほど左様に，教える側も学ぶ側も本を作る側も，悪い意味での学校英語に「洗脳」されています。この悪循環をどこかで断ち切るために，筆者（たち）は現在，学習者の負担の軽減と「使える英語」の効率的な習得のための全く新しい高校生向け文法参考書の制作に着手しようとしているところです。

【付録2】
大学入試における「悪問」の考察

　繰り返しになりますが,「大学(および高校)入試には文法問題を一切出題すべきでない」と筆者は考えています。それは結局,入試の文法問題の質があまりにも低いからです。**大学入試の文法問題のうちで高校生の学習素材に適しているものは,せいぜい2〜3割でしょう**。残りは学習効果の低い悪問であり,学習者の英語感覚を損ねるようなものも少なくありません。

　ここでは「英語として間違っている」とか「正解がない」といった明らかな欠陥を持つものを除外した上で,筆者が悪問と考える文法問題をいくつか取り上げて解説します。

* 引用した入試問題の出典は, 2008年度以降の国公私立大学およびセンター試験です。体裁統一のため必要に応じて表現や記号などを変えています。設問文がないものは空所補充問題です。

1　実用的な価値が低い知識を問う悪問

典型的な悪問の例を最初に1つ挙げます。

> 1　誤りを含む箇所を1つ選べ。
> 　①Birds of ②the ③feather flock ④together.

　正解は②で,正しくはaです(文意:同じ羽の鳥は群れる→類は友を呼ぶ)。これが悪問である最大の理由は,**実用的な価値が低い**ということです。G5のaの項の最後に「同じ,同一の」の意味が載っていますが,「ことわざ・成句表現以外ではthe sameを用いる」という注釈があります。OALD・LDOCEなど英米の

中級者向け辞書には、この意味は掲載されていません。たとえば「ジョンは私と同じ年だ」を John and I are of an age. と英訳しても間違いではありませんが、John is the same age as I am. の方が普通の言い方です。つまり「a/an = the same」という知識は、英語を実際に使う際には不要です。

このように日本の学校英語では、**「昔から参考書に載っている」というだけの理由で、実用的な価値が高いか低いかを考慮しない**傾向があります。そうした観点から見た悪問の例を 2 つ追加しておきます。

> 2 2 文の意味が同じになるよう、空所に入る語を 1 つ選べ。
> (a) She makes it a point of attending important meetings.
> (b) She makes it a (　　) to attend important meetings.
> ① process　② need　③ trial　④ rule

正解は④（文意：彼女は重要な会議に出席することにしている）。make it a rule to do は入試でよく問われる表現ですが、たとえば『ウィズダム』には「always (try to) *do* を使って表現する方がはるかに普通」という注釈があります。上の問いも、She always attends important meetings. と言えば済むことです。そもそも会議に出席するのは社員の義務であり、「（自分の意志で）決まりにしている」という表現自体が不自然です。

> 3 [ ] 内の語句を並べ換えて英文を完成せよ。
> [don't / their backs / of / ill / behind / others / speak].

正解は Don't speak ill of others behind their backs.（文意：陰

で他人の悪口を言ってはならない)。日本の高校生に「〜の悪口を言う」を英訳させると,おそらく10人中10人が speak ill of 〜と答えるでしょう。しかしG5にもあるとおり,このフレーズは日常的には使いません。say bad things about 〜が普通の言い方です。

2　出題者の英語力の低さから生まれる悪問

前述の make it a rule to *do* や speak ill of は,出題者の実用的な英語力を測るリトマス試験紙のようなものです。同じように,出題者の英語力の低さが透けて見える例をいくつか挙げます。

> ④ I am dating the girl (　　) you saw last month.
> 　① who　　② whom　　③ whose　　④ which

文意は「ぼくは先月君が見た女の子とデートしている(ところだ)」ですが,言うまでもなく①も②も正解です(会話では空所に何も入れないのが普通)。出題者は「②だけが正解」と考えたのでしょうか。もしそうなら高校生以下です。

> ⑤ George's sister, Lucy, is two years (　　) to him.
> 　① much older　② most senior　③ senior　④ older

出題者の想定した正解は③で,「ジョージの姉のルーシーは彼より2歳年上だ」いう意味の文を作らせたかったのでしょう。しかし形容詞の senior は,「年上だ」ではなく「地位が上だ」の意味で使います。家族の年齢の上下関係を senior や junior で表すことはできません。辞書をひけばすぐにわかることです。

> 6 The Ginza is the place (　) many designers would like to open their shops.
> ① that　② which　③ where　④ what

　正解は③（文意：銀座は多くのデザイナーが店を開きたがる場所だ）。銀座は地名だから，文頭のThe は不要。初歩的な間違いです。

> 7 I like jazz the best of (　) the music.
> ① big　② some　③ beautiful　④ all

　正解は④ですが，出題者はおそらく「私はすべての音楽のうちでジャズが一番好きだ」という文を作らせたかったのでしょう。そうであればmusicの前のthe は不要です（the musicは「その（特定の種類の）音楽」の意味）。日本人は必要以上にthe を使いたがる傾向がありますが，教師の仕事はそうした間違いを正すことです。自分も間違えているようではいけません。

> 8 空所に入る適語を下の語群（10個の選択肢）から選べ。
> 2つの三角形において，対応する2つの角がそれぞれ等しければ，それらは相似である。
> Two triangles are similar when two corresponding angles are equal, (　).（選択肢は省略）

　選択肢の中にrespectivelyがあるので，出題者はそれが正解のつもりでしょう。しかし，空所には何も入れないのがベストです。ここにrespectivelyを入れても正しい文にはなりません。こ

の語は次のように対応するものを並べて使います。

∠A and ∠B are equal to ∠C and ∠D, respectively.
(角Aと角Bは，それぞれ角Cと角Dに等しい)

出題者は「respectively＝それぞれ」という日本語訳しか知らなかったのでしょう。たとえそうだとしても，辞書などで確認すれば正しい使い方を確認できたはずです。

> ⑨ The basketball team at school is short (　) fast.
> ① for　② so　③ very　④ but　⑤ too

正解は④でしょうが，完成した文は意味不明です。「学校のバスケートボール部には，背は低いが走るのが速い選手がそろっている」という意味にしたいのなら，たとえば The players in the basketball team at school are short but fast. と言わなければなりません。a short player とは言えますが，a short team とは言わないからです。これなどは出題者の英語力というよりも，国語力の問題かもしれません。次の問いも同様です。

> ⑩ "Could you lend me a pencil (　) with?" "Sure. Here you are."
> ① for write　② writing　③ written　④ to write

正解は④ですが，「書くための鉛筆」は日本語で考えても不自然です。鉛筆は書くための道具に決まっているので，to write with は必要ありません（わざわざこう言うと「他の用途に使う鉛筆ではなく筆記用の鉛筆」という響きになります）。出題者は a pencil

の代わりに something を使うべきでした。

> ⑪ I'll go to the library tomorrow in (　) to borrow some books.
> ① way　② order　③ connections　④ plan

　正解は②（文意：私は本を何冊か借りるために明日図書館へ行きます）。これも同様。文法的には問題ありませんが，図書館へ行くのはたいてい本を借りるためだから，in order to（～する目的で）を使うのは大げさです。普通は I'll go to the library tomorrow. で済ますでしょう。

> ⑫ [　] 内の語を並べ換えて英文を完成せよ。
> その男性は，あなたの郵便物をまだ配達していません。
> Your mail [by / delivered / not / been / the / has] man yet.

　想定された正解は Your mail has not been delivered by the man yet. ですが，出題者に英語感覚が欠けていると言わざるを得ません。by the man がなければ自然な文ですが，これがあると「あなたの郵便物はその男性によってはまだ配達されていない（が別の人によって既に配達されている）」と解釈されます（→ p. 80）。完成した文を見たとき，能動態（The man hasn't delivered your mail yet.）の方がはるかにナチュラルだと直感できる程度の英語力を，すべての英語指導者は持たねばなりません。

> ⑬ (　) of them has not arrived at the station yet.

① All　② Both　③ Either　④ Some

　述語動詞に has が使われているので，出題者の想定した正解は③でしょう（文意：彼らのうちどちらもまだ駅に着いていない）。しかし空所に Either を入れた文は非常に不自然であり，Neither of them has［略式では have］arrived ... の方がはるかに普通の言い方です。

⑭ Mother (　　) ill in bed, I cannot go to school.
　① is　② being　③ was　④ has

　正解は②ですが（文意：母が病気で寝ているので私は学校へ行けない），この文を実際に使う状況が想像できません。時制が過去形（couldn't）なら，小説や随筆などの中にこの文が出てくる可能性はあります。しかし「今学校へ行けない」という内容を誰かに伝えたいとき，こんな堅苦しい文を使う人はいないはずです。なお Mother は（本人以外の人に向けて使うと）my mother よりもフォーマルに響きます。また「母が病気だから学校へ行けない」という状況設定にも無理があります。「子どもが病気だから仕事に行けない」の方がまだましでしょう。
　以上のように文法問題では，完成した文が文法的に正しいというだけでは不十分です。文法的に許容されても実際には使わない文を作らせるのは，英語の試験とは言えません。
　また，これまでに挙げた問いの多くは，ネイティブチェックをパスしないはずです。**日本人出題者が作った**（間違いを含む）**英語がノーチェックで入試に使われる**とすれば，その大学の入試問題作成プロセスに問題があります。「出題ミスだ」という指摘が来るリスクを大学当局が避けたければ，（レベルの低い）**日本人出**

題者にはオリジナルの英文を一切作らせないのが一番でしょう。

　余談ですが，日本の大学入試にはことわざの問題がよく出ます。その1つの理由は，出題者に（たかだか1～2行程度の）正しい英文を作る自信がないからではないでしょうか。ことわざを使えば「この英語は間違っている」と指摘される心配はありませんから。

3 「書き換え信仰」の呪縛

　マークシート方式が普及する以前は，どの大学も記述式問題を出題していました。その頃よく見られたのが，次のようなタイプのいわゆる書き換え問題です。

> 15　2文の意味がほぼ同じになるよう，空所に適語を入れよ。
> 　(a) I couldn't help crying for joy.
> 　(b) I had (　　) (　　) but to cry for joy.

　しかし，この形式の問題には難点があります。数学の公式とは違って，**言葉というものは一般に形が違えば意味やニュアンスも変わってきます。**上の問いの場合，出題者の想定した正解は no choice でしょうが，(b) は不自然です。(a) の can't help ～ ing は，G5にあるように「～せずにはいられない」という意味なので，(a) は「私は喜びのあまり泣かず[叫ばず]にいられなかった」と解釈できます。一方 (b) の直訳は「私は喜びのあまり泣く[叫ぶ]以外の選択肢を持っていなかった」です。この訳からもわかるとおり，have no choice but to do は自分の意志で選択できることに使います。つまり (b) は I decided to cry for joy. ということ。そんな人はいないでしょう。このような悪問が生み出されるのは，出題者が〈can't help ～ ing ＝ have no choice but to *do*〉という「公式」を数学の公式と同じようにとらえているからです。

> 16 2文の意味がほぼ同じになるよう，空所に適語を入れよ。
> (a) When I call my parents in Canada, I usually end up talking for more than three hours.
> (b) When I call my parents in Canada, I usually end up talking for no (　) than three hours.

出題者の想定した正解は less ですが（文意：カナダの両親に電話をかけるとき，私は結局3時間以上話してしまうのが普通だ），この問いは悪問です。なぜなら，書き換えた(b)よりも元の(a)の方が普通の言い方だからです。(b)はマイナスの意味を含む no と less が並んでおり，回りくどい表現です。**難しい文を易しく言い換えるのならわかりますが，その逆を求めるのはナンセンスです。**アウトプットの学習の基本は「シンプル・イズ・ベスト」です。(b)を読んで理解する力は必要かもしれませんが，日本人がこんなややこしい文を書いたり話したりする必要は全くありません。

> 17 2文の意味がほぼ同じになるよう，空所に入る適切な語句を1つ選べ。
> (a) Whenever I go to bed, I listen to classical music.
> (b) I never go to bed (　) to classical music.
> ① without listening　② when I listen
> ③ to listen　　　　　④ because I listen

正解は①ですが（文意：私は床につくときはいつでもクラシック音楽を聞く），普通の生活を送っている人なら I listen to classical music every night (before going to bed). で済ますのではないでしょうか。この問いは書き換えの「公式」を暗記しているかどうかを尋ねていますが、その公式自体に覚える価値がありません。

> 18 2文の意味がほぼ同じになるよう、空所に適語を入れよ。
> (a) I will make him go there tomorrow.
> (b) He (　) go there tomorrow.
> ① can　　② may　　③ shall　　④ will

正解は③ですが（文意：彼を明日そこへ行かせるつもりだ）、今日の高校生が使う文法書には shall のこの古めかしい用法は載っていません。言葉は時代とともに変化します。知識のアップデートは英語教師の重要な職務です。たとえば私たちが中学生の頃は、〈will = be going to〉というかなり乱暴な「公式」を教えられていました。しかし今日では、両者の意味の違いは中学の教科書にも載っています。書き換えの公式はすべて忘れて、「**この内容を英語で伝えるにはどんな表現を使うのがベストか**」という発想に切り替えることが大切です。

> 19 2文の意味がほぼ同じになるよう、空所に適語を入れよ。
> (a) Because he was shy, he couldn't talk to her.
> (b) His shyness (　) him (　) talking to her.

受験英語のジャンルで言えば「無生物主語の書き換え」に分類される問いで、正解は kept [prevented], from です（文意：彼は内気だったので彼女と話せなかった）。この問いの背景として、次の点を指摘しておきます。

そもそも無生物主語という学習項目は、日本の文法書にしかあ

りません。昔の文法書の執筆者が，英語と日本語の違いを説明するために作った言葉でしょう。それが受験英語に取り入れられ，入試が記述式だった時代には英文和訳や書き換えの形でよく出題されました。上の書き換え問題は当時の名残りであり，いわば受験英語の化石です。この文の内容は，He was a shy boy and couldn't talk to her. とでも表現すれば十分でしょう。

　無生物主語の学習は，最初のうちは英語を習得する上で一定の意味があったのですが，やがて**和訳や書き換えの勉強が自己目的化してしまった**のです。それはちょうど，お茶をいれるという行為が（飲むためではなくそれ自体を楽しむことに）自己目的化して，茶道という文化が生まれたプロセスに似ています。つまり**無生物主語は，日本で生まれた「英語道」という独自の文化（？）の象徴**だと言えます。複雑な話法の転換なども同様です。

　言うまでもなく，英語と英語道とは違います。ふだんお茶を飲むのに茶道の知識が必要ないのと同様に，日常的に英語を使うのに英語道の知識は不要です。もっとも茶道には文化としての価値がありますが，**英語道はもはや大学受験の役にも立ちません**。マークシート方式の普及に伴い，たとえば無生物主語の英文和訳や書き換えの出題は激減しています。ところが今日の文法参考書も，入試出題者も，また多くの現場教師も，そのような時代の変化に追いついていません。その結果，生徒は実用にも入試にも役に立たない多くの無駄な知識を覚えさせられているのです。

4　文法問題でどんな力を測るのか

　空所補充や整序作文などの形式の問いは，**正しい英文を完成する**ことを求めています。したがってそれらの問いの目的は，**アウトプットの力を測る**ことにあると言ってよいでしょう。その観点から言えば，次の問題は悪問です。

> 20 (　) as the leading actor in the film, Ramesh soon became a star.
> ① Choosing　　② Having been chosen
> ③ Having chosen　　④ To choose

　これは2017年度センター本試験からの抜粋で，正解は②です（文意：その映画の主演俳優に選ばれて，ラメシュはまもなくスターになった）。この問いの完成した文を読んだり聞いたりしたとき，意味を理解できる力は必要でしょう。しかしその文を書いたり話したりする力は，大半の日本人にとっては不要です。会話でも作文でも，Ramesh was chosen as the leading actor in the film and soon became a star. という文を作ることができれば十分です。

　この悪問が示唆しているのは，「**アウトプットに必要な知識**」と「**インプットに必要な知識**」との違いを出題者が意識していないということです。センター試験でさえこうなのですから，私大入試は推して知るべしでしょう。

> 21 (　) wishes to return to their homes and find a good job there.
> ① A great many students　　② A number of students
> ③ Many a student　　④ The student

　この問いの正解は③です（文意：多くの学生が故郷へ戻ってそこでよい仕事を見つけたいと願っている）。しかし〈many a ＋ 単数名詞〉は堅苦しい表現であり，われわれ非ネイティブが英語を話したり書いたりする際にこんな形を使う必要はありません。

> 22 [　]内の語を並べ換えて英文を完成せよ。
> 朝食を食べ始めたとたん，玄関のベルが鳴った。
> Scarcely [breakfast / doorbell / had / started / the / we / when] rang.

　正解は Scarcely had we started breakfast when the doorbell rang. ですが，こんな形は大学入試のリーディングやリスニングにもまず出ません。つまりこれは入試の文法問題を解くためだけに必要な知識，すなわち英語道の一部です。英語の4技能とは何の関係もありません。
　日本中のほとんどの英語教師は，受験生時代に次のような書き換え公式を暗記したはずです。

「～するとすぐに」
＝as soon as ～
＝no sooner ～ than ...
＝hardly [scarcely] ～ when [before] ...
＝the moment [instant] ～
＝directly [instantly] ～

　しかし英語を実際に使おうとするとき，このような公式の暗記は何の役にも立ちません。インプットの知識としても，知っておくべきは as soon as ～と the moment ～くらいでしょう。アウトプットの観点から言うと，「朝食を食べ始めたとたん玄関のベルが鳴った」はたとえば次のように英訳できます。

　The doorbell rang immediately [right] after we started

breakfast.

　2つの出来事の時間差に応じて，下線部は shortly [soon] after, just a minute after などに置き換えることができます。しかし高校生向けの文法参考書には，日常的によく使い汎用性も高いこれらの表現が載っていません。代わりに載っているのは，実用的価値のない書き換え公式です。それらを生徒に教えることにどんな意味があるのかを，現場の先生方には今一度考えていただきたいと思います。

　くどいようですが，もう一度言います。scarcely ～ when ... のような知識は，英語の4技能とは無関係です。英検・TOEIC・TOEFL など民間の4技能テストに出る可能性もほぼゼロです。この表現を覚えることに意味があるとしたら，それは大学入試の文法問題対策としてだけです。そのような文法問題が尋ねているのは，英語ではなく英語道の知識です。**英語教師が教えるべきは英語であって，英語道ではありません。**

5　悪問をどう排除するか

　ここまでの説明でわかるとおり，悪問の背景には「出題者の英語力が低い」という現実があります。それを克服する道は，次の2つです。

① **個々の出題者が英語力を高める。**
② **出題者はオリジナルの英文を作らないようにする。**

　しかし①が現実的でないことは容易に想像できます。だから残るのは②です。その1つの方法が，文法問題を一切出題しないことです。1問1答式の問題が必要なら，たとえば次のような**単**

語の知識をストレートに尋ねる問いを作ればよいでしょう。

> 23 This kind of bird is (　　) rare in Europe.
>   ① exactly　② extremely　③ regularly　④ remotely

　これは悪問ではありません（出典は2015・立命館大）。正解は②です（文意：この種類の鳥はヨーロッパでは極めて珍しい）。このような問題なら，英語の文章中の1文を引用したり，辞書の定義をアレンジしたりして作ることができるはずです。英語の語彙力と4技能との間に高い相関があることは，統計的にも実証されています。だからTOEICやTOEFLでは大学入試のような文法問題はほとんど出題されず，英検も級が上がるにつれて文法問題の比率が下がっています。

　文法問題を語彙問題に切り替えれば，間違った英語や実用性の低い知識が排除できるだけなく，もっと大きなメリットがあります。それは**英語道からの脱却**です。ここまでに見てきた悪問の中にも，畳の上の水練のような例がたくさん出てきました。たとえば「aにはthe sameの意味がある」「make it a rule to *do*」「no less than ~」「many a ~」「scarcely ~ when ...」などです。本書の各章で説明した「仮定法のifの省略による倒置」「分詞構文と接続詞を使った文の書き換え」などもそうです。大学入試から文法問題を排除すれば，このような知識は必然的に入試対策としても不要になります。高校生が学習すべき文法事項は，現在の半分くらいになるかもしれません。その結果空いた時間は，本当に大切な知識の習得に使うことができます。

　なお，「アウトプットの力を測るために文法問題が必要だ」という意見もあるでしょう。それは正論です。ただし，出題者が適切な文法問題を作る能力を持っていることが前提になります。現

状を見る限り，そもそも**「文法問題はアウトプットの力を測るために出題するのだ」**という意識を持っている**出題者がほとんどいません**。ほとんどの出題者は，かつて自分が習得した英語道に従って，実用性の低い粗悪な文法問題を再生産しているだけです。

さらに言えば，**入試の読解問題にも問題があります**。読解問題には内容一致文選択（本文の内容に一致する英文を与えられた選択肢中から選ぶ）形式の問いがたいてい含まれています。英文選択肢を作るのは日本人の出題者です。そしてこれまでの説明から予想されるとおり，その**選択肢の英文の質が低い**のです。英語として間違っていたり，文意があいまいであったり，出題者の想定した正解が本文の内容とは違っていたり，果ては出題者が本文の意味を完全に誤解しているケースさえあります（しかし受験生が選ぶべきは「正しい選択肢」ではなく「出題者が正解だと考えている選択肢」です）。そしてそれらの英文選択肢は，しばしばネイティブチェックを受けていません。

結局のところ，**出題者の能力の向上と入試問題作成プロセスの構造改革**は必要です。ただ当面の緊急対策として，文法問題を入試に出さないことが最優先だと筆者は考えています。

6　大学入試の変化への対応

国公立大志望者は，2020〜23年度は移行措置として次のどちらかを選択できます。

① 新テスト（読む・聞く）＋民間のテスト（話す・書く）
② 民間のテスト（読む・聞く・話す・書く）

もし「新テスト」が従来のセンター試験と同じ内容なら，国公

立大専願者には②の受験を勧めます（TOEFLやTOEICはセンター試験よりも難しいテストですが，新テストとの格差調整のために基準得点のラインが下げることを想定しています）。理由は，**②の方が覚えるべき文法事項が少なくて済む**からです。たとえば英検2級とセンター試験の間で1問1答式の問いを比べると，英検の方が語彙問題の比率が高く，代わりに文法問題が少なくなっています。TOEFLやTOEICには文法問題はほとんど出ません。

したがって民間の4技能テスト対策では，「英語道」の勉強は基本的に不要になります。問題は，教える側にその自覚があるかどうかです。一般に高校の英語学習は，文法の項目別学習を1～2年生で済ませてから，読解や作文などの発展学習に軸足を移していきます。ここで問題になるのが，現在高校で使われている文法参考書です。それらはすべて英語道をベースにしており，4技能対策には不要な知識もたくさん入っています。だから既存の文法書を使う場合は，教えるべき知識を教師が自ら取捨選択して，4技能テストに役立つ知識だけに絞り込むことが必要です。それには教師自身の能力の向上も必要ですが，**すべての文法事項を教える必要はない**という意識改革が何よりも大切です。

一方で，**私大入試に大きな変化は期待できません**。ほとんどの私大には，スピーキングやライティングの試験を新たに実施するような技術も余裕もありません。また試験を難しくすれば受験生が減るので，4技能テストを取り入れるメリットがありません。受験料収入を考えると，英語の試験を民間の4技能テストに丸投げすることもあり得ません。したがって，私大入試の中では英語道がこれからも存続していく可能性が十分あります。**国公立大と私大を併願する生徒は，4技能テスト対策に加えて従来型の受験対策学習も必要なので，負担が倍増する**ことになります。私大専願者は，従来と同様の勉強で対応できるでしょう。ただし志望

校の入試における配点比率を考慮して、文法・読解・単語など各分野の学習にどれだけの時間を配分するかという計算は必要です。教師サイドから言えば、自分が教えるすべての生徒が国公立大専願者（またはすべての生徒が私大専願者）でない限り、国私併願の生徒と同じ負担が発生するでしょう。この状況にどう対処すればよいのか？——残念ながら、今のところ名案は思い浮かびません。せめて、私大入試における文法問題の比率が少しずつでも下がっていく（つまり文法の暗記事項が減る）ことを期待しています。

　最後に一言。私立大学入試では、（受験者のレベルを考えると致し方ない面もあるとは言え）ランクの低い大学の文法問題ほど質が悪い傾向があります。逆に**私立高校入試では、総じて難関校の出題者ほど英語道への愛着が強い**（言い換えれば実用的な英語への感度が鈍い）という印象を受けます。今では大学入試でも見かけないような古臭い文法知識（たとえば「先行詞が〈人＋人以外〉のとき関係代名詞は that を使う」というルール）を問う問題を見ると溜息が出ます。難関高校に入学する生徒は、いわばエリート予備軍です。彼らが入試対策のためだけに実用性の低い文法学習に貴重なエネルギーを費やすなら、それは大げさに言えば国家的損失です。私立高校の入試問題作成者には自らの大きな責任を自覚し、英語道からの脱却の先頭に立ってもらいたいと願っています。

参考資料

『ジーニアス英和辞典』(第5版)(大修館書店)
『オーレックス英和辞典』(第2版)(旺文社)
『ウィズダム英和辞典』(第3版)(三省堂)
『オックスフォード実例現代英語用法辞典』(研究社)〈*Practical English Usage* 第3版の日本語版〉
『英文法解説』(改訂三版)(江川泰一郎著:金子書房)
『ロイヤル英文法』(改訂新版)(綿貫陽ほか著:旺文社)
『現代英文法講義』(安藤貞雄著:開拓社)
『総合英語フォレスト』(6訂版)(石黒昭博監修:桐原書店)
『現代の英文法7 形容詞』(安井稔/秋山怜/中村捷著:研究社)
『英語参考書の誤りとその原因を着く』(河上道生著:大修館書店)
『ネイティブが使う英語・避ける英語』(佐久間治著:研究社)
『クイズ!その英語,ネイティブにはこう聞こえます』(デイビッド・セイン/小池信孝著:主婦の友社)
『ネイティブが教えるやりなおしの中学英文法』(デイビッド・セイン著:ナツメ社)
『ライティングのための英文法ハンドブック』(富岡龍明/堀正広/田久保千之著:研究社)
COCA(アメリカ英語のコーパス)

索 引

あ
意味上の主語　125, 142
イントネーション　276

か
過去完了形　20
仮定法
　──過去　98
　──過去完了　102
　混合──　104
　as if +──　105
　I wish +──　104
　I'd rather +──　104
関係詞
　継続用法の──　192, 213
　自由──　211
　複合──　221
　連鎖──節　220
関係代名詞
　限定用法の──　201
　主格の──　201
　所有格の──　203
　前置詞 +──　225
　目的格の──　204
関係副詞　206
感情の原因　131
疑問詞 + to *do*　138
強調構文　233
形式主語　129, 140
形式目的語　129, 140

形容詞 + 名詞　160
原級　254
現在完了形　13
現在完了形 + 受動態　19
現在完了進行形　18
現在形　10, 23, 35
現在分詞 + 名詞　160

さ
最上級　262
時制の一致　37
自動詞 + to *do*　114
受動態
　群動詞の──　80
　──の書き換え　86
　──+ by　79
　状態──　84
　動作──　84
条件文　93
状態動詞　12
譲歩　240
助動詞 + 進行形　9
進行形　4, 10
接触節　204

た
他動詞 + (to) *do*　116
動作動詞　11
動詞的動名詞　155
動名詞 + 名詞　160

303

は

発音　270
話す力　281
比較級　256
　　the+――　259
品詞の転用　245
不定詞
　　過去分詞+――　134
　　完了形の――　146
　　形容詞的用法の――　118, 142
　　形容詞+――　128
　　受動態の――　145
　　代――　147
　　動詞+――　112
　　否定形の――　143
　　副詞的用法の――　123, 142
　　――の3用法　140
　　文頭の――　139
　　名詞的用法の――　127, 157
　　名詞+――　118
分詞構文　182
　　完了形の分詞で始まる――　195
　　形容詞・名詞で始まる――　196
　　独立――　196
　　否定語で始まる――　195
　　――の -ing 形の位置　185
　　――の働き　188
文のリズム　271

ま

未来完了形　36
未来進行形　8

although　240
as　237, 244

be able to　55
be going to　26
be supposed to *do*　136
because　237
be 動詞
　　――+過去分詞+to do　73
　　――+過去分詞+副詞（句・節）　69
　　――+過去分詞+補語 / to be C　74
　　――+過去分詞+目的語　71
　　――+to do　113
　　It+――+過去分詞+that 節　77
can　40, 50, 51
cannot [can't] ~ too …　61
could　43, 50, 51
-ed 形　150, 171, 173
enough to *do*　137
had better　56
have to　52
how　210
if の省略による倒置　104
if+S+were to/should ~　106
-ing 形　150, 152, 154, 165
may　47, 51
may [might] as well　61
may [might] well　61
might　47
must　48, 52
need to　52
no matter+疑問詞　221
otherwise　109
shall　54
should　46, 54
since　237

S + be said + to *do*　135
that　228
　　相関接続詞の一部として使う──
　　　231
　　同格節を作る──　232
　　名詞節を作る──　230
the way　210
tough 構文　131
used to　57
V + O + to *do*　134
what　217
when　207

where　208
whether　236
while　247
why　209
will　26, 28, 50
without　107
with 構文　197
would　41, 50
would like（to *do*）　60
would rather　60
Would you mind ～？　60

[著者紹介]

佐藤誠司（さとう　せいし）
東京大学文学部英文科卒。広島県教育委員会事務局，私立中学・高校教諭などを経て，現在は（有）佐藤教育研究所を主宰。英語学習全般の著作活動を行っている。
主な著書：『英作文のためのやさしい英文法』『高校生のための英語学習ガイドブック』（以上，岩波ジュニア新書），『試験に出る「英語の語法・文法」大全』（メトロポリタンプレス），『アトラス総合英語』（共著・桐原書店）など。

英文法、何を重点的に教えるか――大学入試分析を授業に活かす
©SATO Seishi, 2017　　　　　　　　　　　NDC 375／xiv, 305p／19cm

初版第1刷――2017年9月1日

著者――――――佐藤誠司
発行者―――――鈴木一行
発行所―――――株式会社　大修館書店
　　　　　　　〒113-8541 東京都文京区湯島2-1-1
　　　　　　　電話 03-3868-2651（販売部）　03-3868-2292（編集部）
　　　　　　　振替 00190-7-40504
　　　　　　　[出版情報] http://www.taishukan.co.jp

装丁者―――――CCK
印刷所―――――広研印刷
製本所―――――難波製本

ISBN978-4-469-24612-4　Printed in Japan
Ⓡ本書のコピー，スキャン，デジタル化等の無断複製は著作権法上での例外を除き禁じられています。本書を代行業者等の第三者に依頼してスキャンやデジタル化することは，たとえ個人や家庭内での利用であっても著作権法上認められておりません。